AF269478

E MMET F OX

El Sermón de la Montaña

EDICIONES OBELISCO

Si este libro le ha interesado y desea que lo mantengamos informado de nuestras publicaciones, escríbanos indicándonos qué temas son de su interés (Astrología, Autoayuda, Ciencias Ocultas, Artes Marciales, Naturismo, Espiritualidad, Tradición), y gustosamente le complaceremos.

Puede consultar nuestro catálogo en: www.edicionesobelisco.com

Colección Espiritualidad, Metafísica y Vida interior
EL SERMÓN DE LA MONTAÑA
Emmet Fox

1.ª edición: junio de 1997
15.ª edición: julio de 2022

Título original: *The Sermon on the Mount*
Traducción: *J. P. Salazar*
Diseño portada: *Mónica Gil Rosón*

© 1934, 1935, 1938 Emmet Fox
© Renovado 1966, Kathleen Whelan
(Reservados todos los derechos)
La oración del Padre © 1932, 1928, Emmet Fox
© 2009, Ediciones Obelisco, S. L.,
(Reservados todos los derechos para la presente edición)

Edita: Ediciones Obelisco, S. L.
Collita, 23-25. Pol. Ind. Molí de la Bastida
08191 Rubí - Barcelona - España
Tel. 93 309 85 25
E-mail: info@edicionesobelisco.com

ISBN: 978-84-9111-892-3
Depósito Legal: B. 42.461-2010

Impreso en los talleres gráficos de Romanyà/Valls S. A.
Verdaguer, 1 - 08786 Capellades - Barcelona

Printed in Spain

A mis estudiantes

de Gran Bretaña y América,

que han sido la inspiración

y el estímulo de este libro.

Prefacio

ESTE libro es la esencia destilada de muchos años de estudios bíblicos y metafísicos, y de las muchas conferencias que he impartido. Hubiera sido tarea más fácil escribir una obra más amplia; pero mi objeto ha sido ofrecer al lector un manual práctico de desarrollo espiritual, y con tal fin he condensado todo lo posible la materia porque, como sabe muy bien todo estudiante, la concisión es indispensable para alcanzar el dominio de cualquier asunto.

Que nadie imagine que es posible asimilar todo el contenido del libro en una o dos lecturas. Es necesario repasarlo muchas veces para comprender a fondo el sentido completamente nuevo de la vida y la gama de valores absolutamente originales que el Sermón de la Montaña presenta a la humanidad. Sólo entonces se experimentará el Nuevo Nacimiento.

El estudio de la Biblia no es distinto de la búsqueda de diamantes en África del Sur. Al principio, los exploradores hallaban sólo unos pocos en el barro amarillo, felicitándose por su buena fortuna, pensando que eso sería todo lo que verían.

Luego, a medida que iban cavando capas más profundas, llegaron al limo azul y quedaron maravillados al encontrar en un día tantas piedras preciosas como las que antes habían obtenido en un año, y lo que antes les había parecido una gran riqueza ahora resultaba insignificante en presencia del nuevo tesoro.

De igual manera, querido lector, en tu exploración de la Verdad en la Biblia, procura no quedar satisfecho ante los primeros descubrimientos espirituales, los del barro amarillo. Sigue hasta que puedas dar con el rico barro azul que se halla en el fondo. La Biblia, sin embargo, difiere de los terrenos diamantíferos por el hecho sublime de que debajo del limo azul aún quedan en ella más y más estratos. Éstos son cada vez más ricos y esperan el contacto de la percepción espiritual para toda la eternidad.

Sobre todo, mi buen lector, cuando leas la Biblia, afirma constantemente que la Sabiduría Divina te va iluminando.

Es el camino para recibir la inspiración del Todopoderoso.

He seguido la conveniente práctica moderna a la que se acomodan muchos autores de libros metafísicos y que consiste en usar mayúsculas en todos aquellos términos que representen aspectos o atributos de Dios.

Capítulo 1

¿Qué enseñó Jesús?

JESUCRISTO es, sin duda, la figura más importante que jamás haya aparecido en la historia de la humanidad. Esto hemos de admitirlo; no importa cómo le consideremos. Ello es verdad así le llamemos Dios u hombre; y, si le consideramos hombre, ya le tengamos por el más grande Profeta y Maestro del mundo, o meramente como un bienintencionado fanático que, después de una efímera y tempestuosa vida pública, sufrió el dolor, la ruina y el fracaso. Sea cual sea nuestra interpretación, quedará el hecho incontrovertible de que su vida y su muerte, así como las enseñanzas que se le atribuyen, han influido en el curso de la historia más que las de cualquier otro hombre que jamás haya vivido. Mucho más, incluso, de lo que lo hicieron Alejandro, o César, o Carlomagno, o Napoleón, o Washington. Son muchas las personas influenciadas por sus doctrinas, o al menos, por las que se le atribuyen; se escriben, leen y compran multitud de libros acerca de Él; se pronuncian más discursos (o sermones) sobre su persona que sobre todos los nombres mencionados juntos.

Él ha sido la inspiración religiosa de toda la raza europea durante los dos milenios en que ésta ha dominado y moldeado los destinos del mundo entero —tanto cultural, como social, como políticamente—, y durante el período en que toda la superficie terrestre fue por fin descubierta y ocupada y sus rasgos salientes trazados por la civilización.

Estos hechos lo colocan a Él en el primer lugar de la importancia mundial.

No hay, por lo tanto, empresa más elevada que la de inquirir e investigar acerca de Sus ideales.

¿Qué enseñó Jesús? ¿Qué quiso verdaderamente que creyésemos e hiciésemos? ¿Cuáles fueron los fines que albergaba en su corazón? Y, ¿hasta qué punto logró cumplir estos fines con Su vida y con Su muerte? ¿Hasta qué punto ha expresado o representado Sus ideas el movimiento llamado cristianismo, tal como ha existido durante los últimos diecinueve siglos? ¿Qué alcance tiene el mensaje que el cristianismo de hoy presenta al mundo? Si Él volviese ahora, ¿qué diría, en general, de las naciones que se llaman cristianas, y en particular de las iglesias cristianas, de los adventistas del Séptimo Día, de los anglicanos, los bautistas, los católicos, los cuáqueros, los griegos ortodoxos, los metodistas, los presbiterianos, los salvacionistas o los unitarios? ¿Qué fue lo que enseñó Jesús?

Éstas son las preguntas que tengo intención de responder en este libro. Me propongo demostrar que el mensaje que nos trajo Jesús tiene un valor único porque es la Verdad, la única explicación perfecta de la naturaleza de Dios y del hombre, de la vida y del mundo, así como de la interdependencia que existe entre ellos. Y lo que es más, encontraremos que Su enseñanza no es una mera apreciación abstracta del universo, lo cual sólo tendría un interés académico, sino que constituye un método práctico para el desarrollo del alma, un método que nos sirve para reformar nuestra vida y nuestro destino, de manera que podamos hacer de ellos lo que queramos.

Jesús nos explica lo que es la naturaleza de Dios y lo que es nuestra propia naturaleza; nos habla del significado de la vida y de la muerte; nos enseña por qué cometemos errores; por qué caemos en la tentación; por qué enfermamos y nos empobrecemos, por qué nos hacemos viejos; y, lo que es más importante, nos dice cómo pueden ser vencidos todos estos males, y cómo podemos traer salud, felicidad, y prosperidad verdadera a nuestras vidas y a la vida de los que nos rodean, si ellos lo desean realmente.

Lo primero que tenemos que comprender es un hecho de importancia fundamental, porque significa romper con los puntos de vista ordinarios de la ortodoxia. La verdad es que Jesús no enseñó teología alguna. Su enseñanza es enteramente espiritual o metafísica. El cristianismo histórico, desafortunadamente, ha puesto su mayor atención en las cuestiones teológicas y doctrinales, las que, por extraño que parezca, no tienen nada que ver con la enseñanza evangélica en sí. Mucha gente sencilla se sorprenderá al comprobar que todas las doctrinas y teologías de las iglesias son invenciones humanas, nacidas en la mente de sus autores e impuestas a la Biblia desde fuera. Pero es así. No hay absolutamente ningún sistema teológico o doctrinal que pueda ser hallado en la Biblia; sencillamente ninguno. Personas honradas que sintieron la necesidad de obtener cierta explicación intelectual de la vida, creyendo también que la Biblia era una revelación de Dios al hombre, llegaron a la conclusión de que una debía encontrarse dentro de la otra, y luego, más o menos inconscientemente, se pusieron a crear aquello que querían encontrar. Pero les faltaba la llave espiritual y metafísica. No estaban afirmados sobre lo que podemos llamar Base Espiritual, y en consecuencia buscaron una explicación de la vida puramente intelectual o tridimensional, y es imposible explicar la existencia con semejante criterio.

La explicación verdadera de la vida del hombre descansa en el hecho de su entidad esencialmente espiritual y eterna, y en que este mundo, y la vida que intelectualmente conocemos, no son más que lo que muestra un corte en sección de la verdad completa acerca de él. Y un corte en sección de cualquier cosa —sea una máquina o un caballo— no puede darnos ni tan siquiera una explicación parcial de lo que es el todo.

Mirando a un rinconcito del universo —y eso con ojos entreabiertos— y colocándose en un plano exclusivamente antropocéntrico y geocéntrico, los hombres han creado absurdas y horribles fábulas acerca de un Dios limitado y semejante al hombre, que rige su universo tal como un reyezuelo oriental, más bien ignorante y bárbaro, que manejara los asuntos de su pequeño reino. A este ser así creado se le atribuyen toda suerte de flaquezas humanas, tales como la vanidad, la inconstancia, y el rencor. Luego surgió una leyenda forzada e inconsecuente acerca del pecado original, la expiación por la sangre, el castigo infinito por transgresiones finitas, y, en ciertos casos, se añadió una doctrina increíblemente horrible de la predestinación al tormento eterno o a la felicidad eterna. La Biblia no enseña ninguna teoría semejante. Y si estuviera en los objetivos de la Biblia sostener tal cosa, ello aparecería claramente expuesto en algún capítulo u otro, pero no es así.

El "Plan de Salvación" que figuraba con tanta prominencia en los sermones evangélicos y en los libros de teología de la pasada generación, es tan desconocido para la Biblia como lo es para el Corán. Nunca hubo tal plan en el universo, y la Biblia no lo expone en ninguna manera. Lo que ha sucedido es que algunos textos oscuros del Génesis, ciertas frases sacadas acá y allá de las epístolas de San Pablo y unos cuantos versículos aislados de otras partes de las Sagradas Escrituras, han sido entresacados y reunidos por los teólogos para sostener la clase de doctrina que a su parecer debería encontrarse en la Biblia. Jesús desconocía todo esto. Claro está que Él no es en modo alguno como Pollyanna o un optimista. Nos advierte, no ya una vez sino muchas, que la obstinación en el pecado trae en verdad muy serias consecuencias, y que el hombre que perdiere la integridad de su alma, aun cuando ganare el mundo entero, resulta extremadamente necio. Por otra parte, nos enseña que somos castigados a causa de nuestros propios errores, o mejor aún, son nuestros propios errores los que nos castigan. Jesús nos enseña también que cada hombre o mujer, por encenegados que estén en lo impuro y malo, tienen acceso directo a un Dios de misericordia, paternal y todopoderoso, quien los perdonará y les proporcionará Su propia fortaleza para ayudarles a descubrirse de nuevo a sí mismos, setenta y siete veces si es necesario.

Jesús ha sido también mal comprendido y mal representado en varias otras maneras. Por ejemplo, no hay ningún fundamento en su enseñanza sobre el cual establecer determinada forma de eclesiasticismo, jerarquía, o tal o cual sistema ritualista. Él no autorizó semejante cosa, y, de hecho, todo el contenido de su pensamiento es definitivamente antieclesiástico. A través de toda su vida pública lo vemos frente a los clérigos y demás oficiales religiosos de su propio país. Por eso ellos se le opusieron y lo persiguieron después, llevados por un instinto de propia conservación —instintivamente sintieron que la Verdad, tal como Él la exponía, anunciaba el fin de su poderío, y más tarde le hicieron matar—. Él pasó por alto la pretendida autoridad que tenían ellos como representantes de Dios; y hacia su ritual y ceremonias no mostró otra cosa que impaciencia y desprecio.

Parece ser que, en materia religiosa, la naturaleza humana está más predispuesta a creer en aquello que quiere que en tomarse el trabajo de escudriñar las Escrituras con una mente abierta. Hombres realmente sinceros, por ejemplo, se han abrogado el papel de guías del cristianismo con los más imponentes y presuntuosos títulos, y después se han vestido de hábitos elaborados y magníficos para impresionar así a las gentes, pese a que su Maestro, en el más claro lenguaje, ordenó estrictamente a Sus discípulos que no hiciesen nada de eso *"Pero vosotros no os hagáis llamar Rabbí, porque uno solo es vuestro maestro, el Cristo, y todos vosotros sois hermanos"* (MATEO 23:8). Denunció a los fariseos como hipócritas.

Jesús, como veremos más adelantee, no sancionó nunca la importancia de ceremonias rituales, ni de leyes rígidas, ni de ordenanzas severas de ninguna clase. En lo que sí insistió fue en que cierto espíritu prevaleciera en la conducta de uno, siendo cuidadoso en enseñar sólo *principios,* sabedor de que cuando el espíritu es recto los detalles lo serán en consecuencia, "la letra mata pero el espíritu vivifica", según lo demostraba el triste ejemplo de los fariseos. Sin embargo, a pesar de esto, la historia del cristianismo ortodoxo se compone en su mayor parte de esfuerzos encaminados a hacer observar a los fieles toda clase de ritos externos. Un ejemplo lo tenemos en los puritanos, al querer imponer a los cristianos el sábado de los judíos como día de descanso, a pesar de que las leyes sabáticas eran una ordenanza puramente hebraica. También lo tenemos en los crueles castigos sufridos por los que descuidaban lo referente exclusivamente a la profanación del sábado; y a pesar del hecho de que Jesús no miraba con simpatía la observancia supersticiosa del sábado, diciendo que el sábado fue hecho para el hombre y no el hombre para el sábado, e insistiendo en hacer cualquier cosa que creyera oportuno en ese día. A través de Su enseñanza se advierte claramente que el hombre debe hacer de cada día un sábado espiritual, pensando y conduciéndose de una manera espiritual.

Es obvio, pues, que si el sábado hebreo fuera todavía impuesto a los cristianos, como éstos no guardan su observancia sino la del domingo, aún estarían incurriendo en las mismas consecuencias de quebrantarlo.

Muchos cristianos modernos, sin embargo, se dan cuenta de que no hay ningún sistema de teología en la Biblia, a menos que se quiera ponerlo allí de forma deliberada, y han renunciado casi por completo a la teología; pero todavía cuentan con el cristianismo porque sienten intuitivamente que es la Verdad. En realidad, su actitud carece de justificación lógica puesto que no poseen la Clave Espiritual, que hace inteligible la enseñanza de Jesús, y por eso tratan de racionalizar su actitud de diversas maneras. Tal es el dilema de quien no posee ni la ciega fe de la ortodoxia, ni la interpretación espiritual y científica de la Biblia. Se encuentra sin sostén en todo aquello que no pertenece a la vieja Escuela Unitaria. Si no rechaza del todo los milagros, siente gran incomodidad con respecto a ellos; le desconciertan y quisiera que no apareciesen en la Biblia, se alegraría mucho si los pudiera dejar de lado.

Un bien conocido clérigo ha publicado recientemente una *Vida de Jesús* que ilustra cuán falsa es esta posición. En este libro el autor concede la posibilidad de que Jesús curase a algunas personas o les ayudase a curarse a sí mismas; pero nada más. Niega rotundamente los otros milagros. Según él, éstos no fueron más que las acostumbradas leyendas que se forman alrededor de todos los grandes personajes de la historia. Cuando ocurría la tempestad en el lago, por ejemplo, los discípulos se hallaban en extremo asustados, hasta que se acordaron de Jesús, y este pensamiento sólo sirvió para calmar sus temores. Este hecho fue exagerado más tarde hasta convertirse en una historia absurda que describía a Jesús mismo andando sobre las aguas para acercarse al barco. En otra ocasión, sigue el mismo autor, parece que Jesús reformó a un pecador, levantándole de una sepultura de pecados, y esto, años después, llegó a ser una leyenda ridícula en que se relata la resurrección de un muerto. Otra noche, mientras Jesús oraba fervorosamente, su rostro se iluminó con un extraordinario resplandor, y Pedro, que se había dormido, se despertó sobresaltado. Años después Pedro refería, en un cuento confuso, cómo le pareció ver a Moisés en aquella ocasión. Así se creó la leyenda de la Transfiguración, y tal es el origen de otros y otros ejemplos semejantes.

Por supuesto, debemos escuchar con compasión los argumentos sinceros de un hombre que se halla impresionado por la belleza y el misterio de los Evangelios, pero, faltándole la Clave Espiritual, cree sentir que su sentido común y toda la erudición científica de los hombres están en contradicción con el contenido de esos Evangelios. Pero no es tan sencillo. Si los milagros no sucedieron realmente, todo el resto de los Evangelios pierde su significación real. Si Jesús no creyó que fuesen posibles, tratando de llevarlos a cabo —nunca, es cierto, por ostentación, pero sí constante y repetidamente—, si Él no creyó y enseñó muchas cosas en franca contradicción con la filosofía racionalista de los siglos dieciocho y diecinueve, entonces el mensaje de los Evangelios es caótico, contradictorio y carente de todo significado. No podemos eludir este dilema diciendo que Jesús no estaba interesado en las creencias y supersticiones de su tiempo, y que las aceptó más o menos pasivamente porque lo que le interesaba en verdad era el *carácter*. Éste es un argumento débil, porque este carácter debe incluir una comprensión de la vida inteligente y vital a la vez. Asimismo debe incluir ciertas creencias y convicciones definidas acerca de las cosas de importancia valedera.

Pero los milagros sí ocurrieron. Todos los hechos que los cuatro Evangelios relatan de Jesús sucedieron, y muchos más. *"Muchas otras cosas hizo Jesús, que si se escribiesen una por una, creo que este mundo no podría contener los libros"* (JN. 21:25). Jesús mismo justificó con sus obras lo que la gente estimó ser una extraña y maravillosa enseñanza; pero Él fue aún más lejos y dijo refiriéndose a aquéllos que estudian y practican sus enseñanzas: "Las cosas que hago las haréis, y muchas más aún."

Después de todo, ¿qué es un milagro? Los que niegan la posibilidad de los milagros apoyándose en el argumento de que el universo es un sistema de leyes que funcionan perfectamente sin que quepa el más mínimo fallo, están en lo cierto. Pero olvidan que el mundo que conocemos a través de los cinco sentidos, y cuyas leyes son las únicas conocidas por la mayoría de los hombres, no es más que un pequeñísimo fragmento de todo el universo existente en la realidad, y que cada ley está subordinada a otra superior en un sentido de menor a mayor. Ahora bien, el recurrir de una ley inferior a otra superior no es realmente quebrantar la ley, porque la posibilidad de tal cosa cabe dentro de la constitución suprema del universo. Por eso, en el sentido correcto de lo que la violación de una ley implica, los milagros no son posibles. Empero en el sentido de que todas las leyes ordinarias y las limitaciones corrientes de lo físico pueden ser abrogadas y contrarrestadas por algo más alto que las comprenda, los milagros, en el sentido coloquial de la palabra, no solamente son posibles sino que pueden ocurrir y ocurren.

Supongamos, por ejemplo, que un lunes nuestros asuntos se encuentran en tal condición que, humanamente hablando, es seguro que antes que la semana termine se producirán determinados cambios. Puede tratarse de cuestiones legales, acaso alguna dura resolución judicial o problemas físicos en nuestra salud corporal. Puede que una alta autoridad médica haya decidido que es indispensable una operación muy delicada, o aún más, que estime su deber decir al paciente que no hay esperanzas de que recobre su salud. Ahora bien, si en presencia de tales condiciones el sujeto en cuestión pueden elevar su conciencia por encima de las limitaciones del plano físico —lo cual no es más que una enunciación científica de lo que hacemos cuando oramos— las condiciones de ese plano serán cambiadas, y de un modo del todo imprevisto e imposible normalmente, las trágicas consecuencias esperadas se desvanecerán. La sentencia legal no se pronunciará, el paciente se recuperará en lugar de tener que sufrir la operación o de morir, y las cosas se arreglarán para el provecho de todos.

En otras palabras, los milagros, en el sentido corriente de la palabra, pueden suceder y, en efecto, suelen suceder como resultado de la oración. *La oración tiene realmente el poder de cambiar las cosas.* Sí, gracias a la oración, las cosas pueden venir en forma muy diferente a como hubieran venido de no haberse orado. No importa cuál sea la dificultad que enfrentamos; no importan las causas que la hayan producido. Suficiente oración barrerá la dificultad; solamente debemos ser perseverantes en nuestra apelación a Dios.

La oración, sin embargo, es al mismo tiempo una ciencia y un arte; y fue a la enseñanza de esta ciencia y de este arte que Jesús dedicó la mayor parte de su ministerio. Los milagros de los Evangelios sucedieron porque Jesús tenía aquella comprensión espiritual que le daba un poder en la oración superior al que nadie había tenido jamás.

Encontramos otro intento de interpretar los Evangelios digno de tomarse en cuenta, que es el de Tolstoi. Éste trató de presentar El Sermón de la Montaña como una guía práctica de vida, tomando sus preceptos literalmente y pasando por alto la interpretación espiritual de la cual no era consciente; asimismo hizo exclusión del Plano del Espíritu en el cual no creía. Aceptando de la Biblia sólo los cuatro Evangelios y suprimiendo de ellos los milagros, hizo un esfuerzo tan heroico como vano de armonizar cristianismo y materialismo, y, por supuesto, fracasó. Su verdadero lugar en la historia resulta así no el del fundador de un nuevo movimiento religioso, sino el del genio cuyo anarquismo práctico abrió el camino a la revolución bolchevique tal como Rousseau preparó el advenimiento de la Revolución Francesa.

Es la Clave Espiritual lo que revela el misterio del contenido de la Biblia en general, y de los Evangelios en particular. Es esa Clave o interpretación espiritual lo que nos explica los milagros, y nos muestra cómo Jesús los hizo para probarnos que nosotros también podíamos hacerlos y librarnos así del pecado, de la enfermedad y de las limitaciones. Con esa Clave podemos prescindir de las inspiraciones de la elocuencia, y deshacernos de interpretaciones de la Biblia literales y supersticiosas, y no obstante entender que es ella el más preciado y auténtico tesoro que posee la humanidad.

Desde fuera, la Biblia es una colección de documentos inspirados que fueron escritos a través de siglos por hombres de todos los tipos y en circunstancias diversas. Muy contados de estos documentos que han llegado a nosotros son originales; en su mayoría se trata de redacciones y compilaciones de fragmentos más antiguos, y el nombre de los autores rara vez se sabe con seguridad. Esto, no obstante, no afecta en lo más mínimo al propósito espiritual de la Biblia; sino que en realidad carece de importancia. El libro, tal como lo tenemos, es una fuente inagotable de la Verdad espiritual, no importan los caminos por los que ha llegado a su forma presente. El nombre del autor de un capítulo cualquiera no tiene más interés que el de su amanuense a quien tal vez se lo hubiera dictado. La Sabiduría Divina es el autor, y eso es todo lo que nos importa. La exégesis o alta crítica se ocupa exclusivamente del aspecto externo, de la letra de las Escrituras, pasando por alto su contenido profundo, y tal crítica carece de valor desde el punto de vista espiritual.

El mensaje profundo de la Biblia nos es presentado a través de formas diversas: historia, biografía, así como lírica y otras formas poéticas; pero sobre todo se emplea la parábola para expresar la verdad espiritual y metafísica. En ciertos casos, lo que nunca había sido destinado a ser más que una parábola, fue interpretado literalmente durante algún tiempo; de ahí que a menudo haya parecido que la Biblia enseña cosas en completa contradicción con el sentido común. Un ejemplo de esto lo tenemos en la historia de Adán y Eva en el Jardín del Edén. Interpretado correctamente, este relato es tal vez la más maravillosa de todas las parábolas. No fue el objeto del autor presentar esta historia como verídica, pero muchos la han tomado así, dando origen a toda una serie de absurdas consecuencias.

La Clave o interpretación espiritual de la Biblia nos libera de todas estas dificultades, dilemas y aparentes inconsecuencias. Al mismo tiempo, nos evita caer en las falsas posiciones del ritualismo, del evangelismo y también del llamado liberalismo, porque nos da la Verdad. Y la Verdad viene a ser nada menos que la sorprendente pero innegable realidad de que todo el mundo exterior —sea el cuerpo físico o las cosas comunes de la vida, los vientos y la lluvia, las nubes, la tierra misma— está sujeto al pensamiento del hombre, y que él puede dominarlo cuando adquiere conciencia de ello. El mundo exterior, lejos de ser una prisión de circunstancias como comúnmente se le supone, no tiene en realidad ningún carácter propio, ni bueno ni malo. Su carácter es ni más ni menos que el que nuestros pensamientos le dan. Es plástico a nuestro pensamiento, cuya forma toma, y ello es cierto, entendámoslo o no, querámoslo o no.

Los pensamientos que a lo largo del día ocupan nuestra mente, nuestro lugar secreto, están modelando nuestro destino hacia lo bueno o hacia lo malo. Verdaderamente, toda la experiencia de nuestra vida no es más que la proyección externa de nuestro pensamiento.

Ahora bien, está en nosotros elegir la clase de pensamientos que albergamos en nuestro receptáculo mental. Acaso sea difícil cambiar el rumbo ordinario de nuestro vicioso modo de pensar, pero puede hacerse. Podemos escoger la índole de nuestros pensamientos —y en efecto, siempre lo hacemos así—, por consiguiente, nuestras vidas son justamente el resultado de nuestra selección mental. Son, por lo tanto, la hechura de lo que nosotros mismos hemos dispuesto, y en consecuencia, existe perfecta justicia en el universo. No existen sufrimientos como consecuencia del pecado original de otro, sino que recogemos la cosecha que nosotros mismos hemos sembrado. Poseemos libre albedrío, pero este albedrío descansa en nuestra selección mental.

Tal es la esencia de lo que Jesús enseñó. Ello es, como veremos, el mensaje fundamental de toda la Biblia, pero no está expresado con igual claridad a través de toda ella. En los primeros fragmentos del libro brilla tenuemente como la luz de una lámpara envuelta en velos, pero a medida que pasa el tiempo los velos van desapareciendo sucesivamente y la claridad de la luz va haciéndose más fuerte, hasta llegar a los pasajes de Jesucristo en que la luz alcanza su máxima pureza y resplandor. La Verdad nunca cambia, lo que cambia es la comprensión que de ella tienen los hombres. A través de los siglos esta comprensión ha ido mejorando. En verdad, lo que llamamos progreso no es más que la expresión exterior correspondiente a la idea cada vez más adecuada y amplia que se van formando los hombres de Dios.

Jesucristo recapituló esta Verdad, la enseñó cabalmente y a fondo, y sobre todo la encarnó, es decir, la demostró en su propia persona. Ahora muchos de nosotros podemos comprender intelectualmente lo que debe significar la plenitud de este mensaje, de lo que sucedería si se llegara a alcanzar una comprensión completa del mismo. Pero lo que podemos demostrar es algo muy diferente. Aceptar la Verdad es el primer paso, pero poco hemos adelantado hasta que no la probemos en nuestras acciones cotidianas. Jesús demostró todo lo que enseñó, hasta la victoria sobre la muerte en lo que llamamos la Resurrección. Por razones que no viene al caso explicar aquí, sucede que cada vez que superamos una dificultad por medio de la oración prestamos una ayuda a toda la raza humana en general, presente, pasada y futura; y la ayudamos a vencer esa misma clase de dificultad en particular. Jesús, al vencer toda suerte de limitaciones a que la humanidad vive sujeta, y en particular venciendo a la muerte, llevó a cabo una obra de un valor único e incalculable y por eso es lícito llamarle Salvador del mundo.

En una ocasión de su ministerio que estimó conveniente, Jesús quiso reunir y expresar toda su enseñanza en una serie de discursos, que probablemente le llevaron varios días, hablando quizá dos o tres veces al día. Este ordenamiento ha sido comparado en ocasiones y con bastante exactitud, a cierto sistema de escuelas de verano que tenemos hoy día.

Jesús aprovechó aquella oportunidad para hacer un resumen de su mensaje o, lo que es lo mismo, para poner los puntos sobre las íes, como se dice vulgarmente. Es natural que muchos de los presentes tomaran apuntes, los cuales fueron más tarde debidamente reunidos y ordenados como el Sermón de la Montaña. Cada uno de los cuatro evangelistas recogió material de aquel sermón de acuerdo con sus puntos de vista personales, y es Mateo quien nos da la versión más completa y coherente. La presentación que él nos ofrece es una codificación casi perfecta de la religión de Jesucristo, y es por esa razón que se ha escogido la versión de Mateo como texto fundamental para este libro. Mateo contiene lo esencial; es personal y práctico; es conciso y específico, y no obstante su enseñanza es pletórica de luz. Una vez que el sentido de sus conceptos ha sido debidamente comprendido, no falta sino ponerlos fielmente en práctica para obtener enseguida los resultados. La importancia y el alcance de tales resultados estarán en relación directa a la sinceridad y constancia con que sus instrucciones sean aplicadas. Ésta es una cuestión individual que cada uno tiene que responderse a sí mismo "nadie puede salvar el alma de su hermano, o pagar la deuda de su hermano". Podemos y debemos ayudarnos unos a otros en determinadas ocasiones, pero es menester que cada uno de nosotros aprenda a hacer su propio trabajo y a dejar de pecar, antes que pueda sucederle una cosa peor.

Si lo que deseamos realmente es cambiar nuestras condiciones de vida; si realmente queremos transformarnos; si de verdad anhelamos la salud, la serenidad y el cultivo espiritual, debemos poner nuestra mira en el Sermón de la Montaña, porque allí Jesús nos dice lo que tenemos que hacer. La tarea no es fácil, pero estamos seguros de que puede realizarse porque otros lo han hecho. Mas es necesario pagar el precio, y éste consiste en aplicar estrictamente los principios de Jesús en cada aspecto de la vida y en cada hecho cotidiano, tanto si sentimos el deseo de hacerlo como si no, y especialmente en aquellos casos en que nos sentimos inclinados a no hacerlo.

Si estamos dispuestos a pagar ese precio, entonces el estudio de este magnífico Sermón de la Montaña se convertirá para nosotros verdaderamente en la Montaña de la Liberación.

Capítulo 2

Las Bienaventuranzas

Y viendo la muchedumbre, subió a un monte;
  y sentándose, se acercaron a él sus
  discípulos.
Y abriendo su boca, les enseñaba, diciendo:
Bienaventurados los pobres en espíritu:
  porque de ellos es el reino de los cielos.
Bienaventurados los que lloran: porque ellos
  serán consolados.
Bienaventurados los mansos: porque ellos
  heredarán la tierra.
Bienaventurados los que tienen hambre y sed
  de justicia: porque ellos serán saciados.
Bienaventurados los misericordiosos: porque
  ellos alcanzarán misericordia.
Bienaventurados los limpios de corazón:
  porque ellos verán a Dios.
Bienaventurados los pacíficos: porque ellos
  serán llamados hijos de Dios.
Bienaventurados los que padecen
  persecución por causa de la justicia:
  porque de ellos es el reino de los cielos.

(MATEO, V 1-12)

EL Sermón de la Montaña comienza con las ocho Bienaventuranzas. Ésta es, sin duda, una de las secciones más conocidas de la Biblia. Aun aquellas personas cuyo conocimiento de las Escrituras se limita a media docena de los capítulos más familiares, conoce de memoria las Bienaventuranzas. Casi nunca las comprenden, por desgracia, y generalmente las consideran como consejos hacia una perfección teórica sin aplicación alguna en la vida diaria. Tal hecho se debe a una carencia completa de la Clave Espiritual.

Las Bienaventuranzas constituyen un hermoso poema en prosa de ocho versos, formando un todo armonioso que es al mismo tiempo un resumen acabado de la enseñanza cristiana. Se considera más una sinopsis espiritual que literaria, que recoge el espíritu de la enseñanza mejor que la letra. Resúmenes de esta índole son característicos del antiguo sistema oriental de tratar una cuestión religiosa o filosófica. Nos recuerda los Ocho Caminos del Budismo, los Diez Mandamientos de Moisés y otros compendios semejantes.

Jesús se dedicó exclusivamente a enseñar principios generales, los cuales tenían siempre que ver con estados mentales, porque Él sabía que cuando se piensa con rectitud la conducta resulta asimismo recta, y, por el contrario, cuando el pensamiento toma una dirección torcida, nada puede salir bien. A diferencia de otros grandes guías religiosos, Jesús no nos da instrucciones detalladas acerca de lo que debemos o no debemos hacer; no nos manda comer o beber ciertas cosas ni abstenernos de ellas; no nos ordena cumplir tales o cuales observancias rituales en determinados tiempos o estaciones. En realidad,todo su mensaje es antirritualista y antiformalista. Por eso fue intransigente en todo momento con el clero judío y su teoría de la salvación mediante las ceremonias verificadas en el templo. "...es llegada la hora en que ni en este monte ni en Jerusalén adoraréis al Padre... pero ya llega la hora y ahora es cuando los verdaderos adoradores adorarán al Padre en espíritu y en verdad, pues tales son los adoradores que el Padre busca. Dios es espíritu y los que le adoran han de adorarle en espíritu y en verdad."

Los fariseos, con su terrible y detallado código de requisitos externos, fueron los únicos contra quienes Jesús mostró una completa intolerancia. Un fariseo escrupuloso de aquel tiempo —la mayoría de ellos eran extremadamente estrictos— tenía que dar cumplimiento cada día a un sinnúmero de detalles exteriores para alcanzar conciencia de que había satisfecho las exigencias de su Dios. Un rabí contemporáneo ha calculado el número de tales requisitos en unos seiscientos, y como es obvio que ningún ser humano podría llenar cumplidamente una responsabilidad semejante, la consecuencia natural sería que la víctima, sabiéndose siempre muy lejos del exacto cumplimiento de su deber, viviera perennemente bajo un crónico sentimiento de pecado. Ahora bien, creerse pecador equivale prácticamente a ser pecador con todas las consecuencias que se derivan de tal condición. La ética de Jesús contrasta con todo esto. Su objeto es precisamente liberar al corazón de poner su confianza en cosas externas, sea para lograr recompensas temporales o para alcanzar la salvación espiritual. Él quiere llevarnos a una actitud mental completamente nueva, y esto es lo que las Bienaventuranzas nos muestran gráficamente.

'Bienaventurados los pobres en espíritu: porque de ellos es el reino de los cielos.'

Aquí, desde el principio, hemos de tener en cuenta un hecho de gran importancia práctica en el estudio de la Biblia y es que está escrita en su lenguaje característico, es decir, con abundancia de giros y expresiones, y algunas veces palabras, que se emplean en un sentido muy diferente al que se les da actualmente en la vida diaria. A esto tenemos que agregar el hecho de que el significado de muchos términos ha variado desde que se tradujeron.

En realidad, la Biblia es un texto de metafísica, un manual para el desarrollo del alma, y todas las cuestiones que en ella se tratan son consideradas sobre esa base. Nunca será demasiado el énfasis que se dé a este punto. Tal es la razón por la cual en la Biblia cada asunto se toma en su apreciación más amplia. Todas las cosas se consideran allí en su relación con el alma humana, y muchas expresiones comunes se usan en un sentido mucho más profundo que el que suele dárseles corrientemente. Por ejemplo, la palabra "pan", tal como se emplea en la Biblia, significa no solamente cualquier clase de alimento para el cuerpo físico, lo cual es la interpretación literaria más comprensiva, sino todas las cosas que el ser humano requiere, tales como ropa, albergue, dinero, educación, amistades, etcétera, y, sobre todo, las cosas espirituales, como percepción, comprensión y, en especial, realización espiritual. "Danos hoy el pan de cada día." "Yo soy el pan de la vida." "El que coma de este pan..."

Otro ejemplo es la palabra "prosperidad". En las Escrituras significa mucho más que la mera adquisición de bienes materiales. Su verdadero significado es eficacia en la oración. Obtener respuesta a la oración: he aquí, para el alma humana, la única prosperidad que vale la pena de ser buscada. Y si alcanzamos tal respuesta es natural también que todas nuestras necesidades materiales sean igualmente satisfechas. Claro que ciertas cosas materiales son esenciales en este plano de la existencia, pero esta clase de riqueza es, en efecto, lo que menos importancia tiene en la vida, y esto es lo que quiere decir la Biblia cuando da a la palabra "próspero" su sentido verdadero.

Ser pobre en espíritu no significa bajo ningún concepto lo que hoy en día llamamos "pobreza espiritual". Ser pobre en espíritu significa haber renunciado a toda idea preconcebida para buscar a Dios de todo corazón. El que es pobre en espíritu está dispuesto a dejar a un lado su actual modo de pensar, sus ideas y prejuicios, y hasta su presente manera de vivir si es necesario. En otras palabras, está dispuesto a echar por la borda todo aquello que pudiera representarle un obstáculo en su búsqueda de Dios.

Uno de los pasajes más conmovedores de toda la literatura es el que se refiere al hombre rico y joven, el cual pasó por alto una de las oportunidades más grandes que se le brindaron. He aquí la historia de la humanidad en general. Rechazamos la salvación que Jesús nos ofrece —es decir, nuestra oportunidad de encontrar a Dios— porque "tenemos grandes posesiones". Esto no significa que seamos muy ricos en lo que a dinero se refiere —los ricos son realmente una minoría—. Nuestras grandes posesiones suelen ser de otra clase: opiniones preconcebidas, confianza en nuestro propio juicio y en las ideas con que estamos familiarizados, orgullo espiritual como producto de méritos académicos, predisposición sentimental o material hacia determinadas instituciones y organizaciones, hábitos de vida que nos duele abandonar, preocupación por el respeto de los demás, o quizá temor al ridículo, o un inusitado interés en los honores y distinciones del mundo. Y todas estas "posesiones" nos mantienen encadenados a la roca del suplicio que es nuestro exilio de Dios.

El hombre rico y joven es una de las figuras más trágicas de todos los tiempos, no porque fuera rico, ya que la riqueza no es de por sí ni buena ni mala, sino porque su corazón estaba esclavizado por aquel amor al dinero al cual se refiere San Pablo cuando lo relaciona con la raíz del mal o de la perversión. Aun cuando hubiera sido multimillonario en plata y en oro si no hubiese puesto su corazón en sus riquezas, habría podido entrar en el Reino de los Cielos tan fácilmente como el mendigo más pobre. Empero su confianza estaba en sus posesiones, y esto le cerró la puerta.

¿Por qué el clero de Jerusalén no recibió con regocijo el mensaje de Cristo? Porque tenían grandes posesiones, posesiones de erudición rabínica, de honor e importancia públicos, de cargos autorizados por ser ellos los maestros oficiales de la religión. Estas posesiones habrían tenido que ser sacrificadas para recibir la enseñanza espiritual de Jesús. La gente humilde e ignorante que oía complacida al Maestro era feliz, a pesar de no tener tales posesiones que les pudiesen tentar a abandonar la Verdad.

¿Por qué fue que en los tiempos modernos, cuando el mismo sencillo mensaje de Cristo anunciando la inmanencia y acercamiento de Dios así como la Luz Interior que arde perennemente en el alma humana, apareció de nuevo en el mundo, fueron otra vez los sencillos e indoctos quienes lo recibieron de buena gana? ¿Por qué no fueron los obispos, los decanos, los ministros o los presbiteros quienes lo dieron al mundo? ¿Por qué no fue Oxford, o Cambridge, o Harvard, o Heidelberg el gran centro de difusión de éste, el más importante de todos los conocimientos? La respuesta vuelve a ser: porque tenían grandes posesiones; grandes posesiones de orgullo intelectual y espiritual; grandes posesiones de egoísmo y presunción; grandes posesiones de honores académicos y de prestigio social.

Los pobres en espíritu no sufren ninguno de estos impedimentos, bien porque no los han tenido nunca, o bien porque se han elevado hacia un plano superior, gracias al influjo de la comprensión espiritual. Se han liberado del amor al dinero y a los bienes terrenales, del temor al qué dirán y a la desaprobación de familiares o amigos. Ya ninguna autoridad humana, por elevada que sea, los intimida. Han abandonado toda necia confianza en la infalibilidad de sus propias opiniones. Por fin han comprendido que sus creencias más queridas pueden haber estado equivocadas, y que acaso su modo de ver las cosas y sus ideas sobre ellas podrían ser falsas y requieren de modificación. Están listos para emprender otra vez la ruta de la vida, y comenzar de nuevo a aprender su significación.

'Bienaventurados los que lloran: porque ellos serán consolados.'

La desgracia y la aflicción no son, en sí, buenas, siendo la voluntad de Dios que cada criatura conozca la alegría y alcance una vida de gozoso éxito. "He venido para que tengan vida, y para que la tengan en abundancia." Sin embargo, el dolor y el sufrimiento son a menudo extremadamente útiles, porque mucha gente no se tomará la molestia de buscar la Verdad hasta que la adversidad o el fracaso los fuerce a hacerlo. Entonces el dolor se convierte en algo relativamente bueno. Tarde a temprano, cada ser humano tendrá que descubrir la verdad que es en Dios, y verificar por sí misma su propio contacto con Él. Tendrá que alcanzar aquella comprensión de la Verdad que le liberará para siempre de las limitaciones de nuestro mundo tridimensional y sus concomitantes —el pecado, la enfermedad y la muerte—. Pero la mayoría no emprenderán la búsqueda de Dios de todo corazón a menos que los obligue a ello algún tipo de contrariedad. Lo cierto es que no es necesario que el hombre sufra desgracias, porque si antes buscase a Dios las desgracias nunca vendrían. Siempre es posible elegir entre aprender por medio del desarrollo espiritual o mediante las dolorosas experiencias, y si alguien escoge este último procedimiento, nadie sino él tiene la culpa.

Por regla general, sólo después que se ha perdido la salud, y todos los recursos ordinarios de la medicina han fallado en proporcionarnos alivio, es cuando nos decidimos seriamente a buscar esa comprensión espiritual del cuerpo como encarnación verdadera de la Vida Divina, única cosa que nos ofrece la garantía de superar la enfermedad y finalmente la muerte. Pero si, conocedores de nuestra verdadera naturaleza, nos volviésemos a Dios mientras nuestra salud es buena, no se daría nunca el caso de que cayésemos enfermos.

De igual manera sucede con la pobreza: sólo cuando la apretura económica se extrema, habiéndose perdido los más indispensables recursos, es cuando nos volvemos a Dios como último refugio, y aprendemos que el Poder Divino es en realidad la fuente de todos los bienes que la humanidad recibe, y que las cosas materiales no son sino los canales por los cuales se manifiesta la bondad de Dios.

Pero es necesario que esta lección sea aprendida a fondo antes de que un hombre pueda alcanzar experiencias más altas y amplias que las que tiene en el presente. En la Casa del Padre hay varias moradas pero la llave de la morada superior es siempre el dominio completo de aquélla en la cual estamos. Por eso resulta muy conveniente el hecho de que debamos aprender lo antes posible de dónde y cómo nos viene nuestra prosperidad. Si los que son prósperos reconocieran a Dios como la verdadera fuente de lo que tienen, mientras aún están prósperos, y oraran regularmente por mayor comprensión espiritual acerca de este punto, jamás tendrían que lamentar pobreza o estrechez económica de ninguna clase. Al mismo tiempo, hemos de tener presente que debemos emplear bien nuestros recursos actuales, no acumulando riquezas por egoísmo sino más bien reconociendo que es a Dios a quien todo pertenece en el mundo, y que nosotros no somos más que sus agentes u hombre de confianza. La posesión de dinero lleva consigo una responsabilidad ineludible. Precisa que sea administrado con prudencia o, de lo contrario, habrá que atenerse a las consecuencias.

Este principio general es aplicable a todos nuestros problemas, no solamente a las dificultades físicas o financieras, sino también a todos los otros males a que está sujeto el género humano. Ningún motivo de pesar —problemas de familia, altercados e incomprensiones, pecados y remordimientos, etcétera— nos quitará nunca la paz si buscamos en primer lugar el Reino de los Cielos y la Recta Comprensión. En cambio, si no lo hacemos así, todo aquello nos vendrá, aunque el sufrimiento nos reconfortará, a pesar de su apariencia ingrata.

En la Biblia "confort" significa Presencia de Dios, la cual es el final de toda lamentación.

Las iglesias ortodoxas nos han presentado con demasiada frecuencia un Cristo crucificado muriendo en la cruz; pero el que nos da la Biblia es un Cristo que se alza triunfante.

'Bienaventurados los mansos: porque ellos heredarán la tierra por heredad.'

A primera vista esta Bianeventuranza parece tener muy poco sentido, y los hechos ordinarios de la vida parecen contradecir el que tiene. Ningún hombre cuerdo, observando el mundo que le rodea y estudiando la historia, podría sinceramente aceptar este dicho al pie de la letra, y la mayoría de los cristianos lo han pasado por alto en la práctica, sintiendo con pena que las cosas deberían ser así sin duda, pero que de hecho no lo son ciertamente.

36

Pero esta actitud no conduce a nada. Tarde o temprano el alma llega a un punto en que tiene que descartar de una vez para siempre todas las evasiones y subterfugios, y enfrentarse honradamente a las realidades de la vida, cueste lo que cueste.

Es necesario admitir que o Jesús pensaba lo que decía, o que no lo pensaba; que sabía de qué hablaba, o no lo sabía. De lo contrario, si esto no se toma en serio, nos vemos arrastrados a una posición que ningún cristiano querría aceptar —o que Jesús decía lo que no creía en verdad, como hace la gente poco escrupulosa, o que decía disparates—. Esta situación ha de ser definida en el mero principio de nuestro estudio del Sermón de la Montaña. Es decir, o tomamos en serio a Jesús, o no, y en este caso su enseñanza deberá ser abandonada del todo y la gente debe dejar de llamarse cristiana. Honrar a Jesús de labios afuera, decir que el Evangelio es la Verdad divinamente inspirada, jactarnos de ser cristianos y después evadirnos de poner en práctica en la vida diaria todo lo que se infiere de su doctrina, es simplemente debilidad fatal e hipocresía de la peor especie. O Jesús es un guía digno de confianza, o no lo es. Y si lo es, honrémosle aceptando que Él, en realidad, sabía lo que decía, y que conocía mejor que nadie el arte de vivir. Las penas y ansiedades que padece la humanidad se deben por completo al hecho de que nuestro modo de vivir es tan opuesto a la Verdad que las cosas que Jesús dijo y enseñó nos parecen a primera vista absurdas y locas.

Lo cierto es que cuando se la comprende correctamente, encontramos que la enseñanza de Jesús es no solamente verdadera, sino sumamente practicable. En verdad es la más practicable de todas las doctrinas. Llegamos a descubrir, pues, que Jesús no era un visionario sentimental ni un mero dispensador de trivialidades, sino un consumado realista como sólo un gran místico puede serlo; y la esencia total de su doctrina así como su aplicación práctica están comprendidas sumariamente en este texto.

Esta Bienaventuranza se halla entre la media docena de los versículos más importantes de la Biblia. Cuando se está en posesión del sentido espiritual de este texto, se posee el Secreto de Dominio, el secreto que nos hace aptos para superar toda clase de dificultad. Es, literalmente, la Llave de la Vida. Es el mensaje de Jesús reducido a una sola frase.

Estas palabras son, actualmente, como la Piedra Filosofal de los Alquimistas que transforman el metal básico de la limitación y la aflicción en el oro del "confort", o sea, la verdadera armonía.

Notemos que hay en el texto dos palabras que obran como polos sobre la atención: "manso" y "tierra" —ambas son empleadas en un sentido muy especial y altamente técnico, el cual ha de ser bien aclarado antes de que se revele el significado oculto que llevan en el fondo—. En primer lugar, la palabra "tierra" no se usa en la Biblia como mera referencia al globo terrestre. Significa manifestación; manifestación o expresión es el resultado de una causa. Es necesario que una causa se manifieste o exprese antes que podamos conocerla; y, por otra parte, toda manifestación o expresión tiene que tener su causa. Ahora bien, en la metafísica divina, y particularmente en el Sermón de la Montaña, aprendemos que toda causa es mental, y que nuestros cuerpos y todo lo que nos concierne —hogar, negocios, toda nuestra experiencia— no son sino la manifestación de nues-

38

tro propio estado mental. El hecho de que seamos inconscientes de la mayor parte de nuestros estados mentales no quiere decir nada, porque de todos modos están ahí en la mente subconsciente, no importa que ya los hayamos olvidado o que jamás hayamos sido conscientes de ello.

En otras palabras, nuestra "tierra" significa la totalidad de nuestra experiencia externa, y "heredar la tierra" significa adquirir dominio sobre esa experiencia, o sea, tener la facultad de ordenar nuestra vida en condiciones de armonía y éxito positivo. "Toda la tierra se llenará de la gloria del Señor." "Su alma morará a gusto y su simiente (oraciones) herederá la tierra" "El Señor reina, gócese la tierra." Así vemos que cuando la Biblia habla acerca de la tierra —poseer la tierra, gobernar la tierra, llenar la tierra de Su gloria, etcétera—, se refiere a nuestras condiciones de vida, desde la salud corporal hasta el más mínimo detalle de nuestros asuntos personales. Y este texto está ahí para decirnos cómo podemos alcanzar pleno dominio sobre nuestra vida y ser así los dueños de nuestro destino.

Pero veamos cómo puede hacerse esto. La Bienaventuranza dice que el dominio, o sea, la capacidad de gobernar las condiciones de nuestra vida, ha de alcanzarse de cierta manera, y de la más inesperada de las formas —nada menos que siendo manso—. No obstante, es también cierto que esta palabra está usada en un sentido especial y técnico. Su significación verdadera no es en modo alguno la que hoy se la da en el lenguaje moderno. En efecto, actualmente hay pocas cualidades de la naturaleza humana más desagradables que aquélla expresada por la palabra "mansedumbre". Para el lector moderno el adjetivo sugiere generalmente la idea de una persona débil, falta de valor y de respeto hacia sí misma, y probablemente hipócrita y ruin al mismo tiempo. No ocurría lo mismo en tiempos de Dickens. El lector moderno, con estas connotaciones de la palabra en mente, se siente inclinado a menospreciar el concepto general del Sermón de la Montaña, porque ya al principio se le dice que sólo siendo manso obtendrá la facultad de dominio; y tal doctrina le resulta inaceptable.

Pero la palabra "mansedumbre", en sentido bíblico, quiere dar a entender una actitud mental que ninguna otra palabra en particular describe con exactitud, y precisamente en esa actitud mental radica el secreto de la "prosperidad" o del éxito en la oración. Es una combinación de mente abierta, de fe en Dios, y del convencimiento de que la voluntad de Dios con respecto a nosotros es siempre algo vital e interesante, que trae gozo a la existencia, y muy superior a cuanto nosotros pudiéramos imaginar. Este estado mental incluye asimismo una completa predisposición a permitir que la voluntad de Dios se manifieste en la forma que considere mejor la Sabiduría Divina, y no según el modo particular que nosotros hayamos escogido.

Esta actitud mental, compleja en su análisis aunque sencilla en sí misma, es la Llave del Poder, o sea, el éxito en la prueba. No hay palabra para ella en el lenguaje corriente porque la cosa no existe sino para quienes están afirmados sobre la Roca Espiritual de la palabra de Jesucristo. Si deseamos heredar la tierra, debemos absolutamente adquirir "masedumbre".

Moisés, que tuvo un éxito tan extraordinario en la oración, se destacaba notablemente por esta cualidad.

Sobrepasó la creencia establecida sobre la vejez, mostrando la potencia física de un joven en plenitud de vida, cuando, de acuerdo con el calendario contaba ciento veinte años de edad, y por fin trascendió completamente su ser físico, o se "desmaterializó", sin morir. Recordamos también que Moisés, además de su éxito personal, realizó una obra maravillosa por su pueblo, liberándolo de la esclavitud en Egipto a través de increíbles dificultades (porque el afortunado Éxodo fue la "prueba" de Moisés y de unas cuantas almas superiores que le ayudaban) e influyendo en todo el curso ulterior de la historia con su enseñanza y sus hazañas. Moisés tenía una mente abierta, lista siempre para aprender y poner en práctica nuevos modos de pensar y de actuar. No rechazaba una revelación acabada de surgir con el pretexto de ser novel o revolucionaria, como habría hecho la mayoría de sus presuntuosos colegas de la jerarquía religiosa en Egipto. Él no estaba exento, por lo menos al principio, de serias faltas en su carácter, pero su alma era demasiado grande para ser tocada por el orgullo espiritual o intelectual; por eso se fue alzando poco a poco sobre tales defectos, a medida que el nuevo conocimiento de la Verdad actuaba en lo íntimo de su ser.

Moisés comprendía cabalmente que acomodarse de una manera estricta a la voluntad de Dios, lejos de acarrear la pérdida de ningún bien, sólo podía significar una vida más alta, mejor y más espléndida. En consecuencia, no consideró como un sacrificio la aceptación de esa Voluntad; por el contrario, la estimó como la más elevada forma de glorificación personal, en el verdadero y maravilloso sentido de esta palabra. La glorificación personal del egoísta es la vanidad vil que, al fin, conduce a la humillación. La verdadera glorificación personal, la que es realmente gloriosa, es la glorificación de Dios."El Padre en mí. Él hace el trabajo. Yo en Ti y Tú en mí". Moisés comprendió a la perfección el poder de la Palabra hablada para hacer surgir el bien, lo cual es fe científica. Fue uno de los hombres más mansos que jamás hayan vivido, y nadie, con excepción de nuestro Señor, ha recibido la tierra por heredad hasta tal punto.

Un delicioso proverbio oriental afirma que "la mansedumbre obliga a Dios mismo".

'Bienaventurados los que tienen hambre y sed de justicia: porque ellos serán saciados.'

"Justicia" es otra de las palabras clave de la Biblia que el lector tiene que poseer si quiere penetrar en el profundo sentido del libro. De igual manera que "tierra" y "manso", "justicia" es un término técnico usado en un sentido definido y especial.

Justicia, en su acepción bíblica, tiene que ver no solamente con rectitud de conducta, sino con el pensamiento recto en cada aspecto de la vida. A medida que nos adentremos en el estudio del Sermón de la Montaña, encontraremos en cada frase una reiteración de esta gran verdad: las cosas exteriores no son sino la expresión (ex-presar, presionar hacia fuera), o manifestación gráfica de nuestros pensamientos y creencias internas. Encontraremos también que tenemos el dominio o poder de guiar a voluntad el curso de nuestros pensamientos, por lo cual, indirectamente, somos nosotros quienes hacemos nuestras vidas conforme a la índole de nuestro pensar. Jesús nos repetirá constantemente en estas pláticas que nosotros no podemos ejercer acción directa alguna sobre las cosas exteriores, porque éstas no son más que las consecuencias o, por decirlo así, las imágenes de lo que ocurre en el Lugar Secreto. Si nos fuera posible cambiar directamente lo exterior sin alterar nuestro modo de pensar, ello significaría que podríamos pensar en una cosa y producir otra, lo cual sería contrario a la Ley del Universo. En efecto, es esta noción, errónea, la que constituye precisamente la base falsa de todas las desgracias humanas —enfermedades, pecado, contiendas, pobreza, y hasta la misma muerte—.

Sin embargo, la gran Ley del Universo es ni más ni menos ésta: lo que llevamos en nuestra mente es la causa determinante de nuestra experiencia. Tal como es lo de dentro, así es lo de afuera. No podemos pensar una cosa y producir otra. Si queremos tener control sobre las circunstancias que nos rodean para hacerlas armoniosas y felices, primero tenemos que convertir en armoniosos y felices nuestros pensamientos, y entonces lo exterior seguirá el mismo camino. Si deseamos salud, pensemos antes que nada en salud, y, recordémoslo, esto no quiere decir solamente pensar en un cuerpo sano, aunque ello es importante, sino que tal estado mental incluye pensamientos de paz, de gozo y de buena voluntad para con todos, porque, como veremos más adelante en el Sermón, las emociones negativas son una de las principales causas de la enfermedad. Si queremos elevar nuestra estatura espiritual y crecer en el conocimiento de Dios, debemos imprimirles un ritmo espiritual a nuestros pensamientos, y concentrar nuestra atención (que es la vida misma) en Dios más bien que en nuestras limitaciones.

Si queremos prosperar materialmente, hemos de

tener pensamientos de prosperidad, y hacer un hábito de este pensar, porque lo que mantiene a la mayoría de la gente en la pobreza es la costumbre de pensar en términos de pobreza. Si queremos vernos rodeados de amable compañerismo y tener el afecto de los demás, es preciso que en nuestros pensamientos se reflejen el amor y la buena voluntad. "Todas las cosas trabajan juntas para el bien de aquéllos que aman el bien."

Cuando un hombre despierta al conocimiento de estas grandes verdades, naturalmente trata de aplicarlas a la vida. Comprendiendo al fin la importancia vital de la justicia, o de mantener solamente pensamientos armoniosos, un hombre razonable empieza en seguida a tratar de poner en orden su casa. Pero encuentra que, aunque la teoría es bastante simple, la práctica es cualquier cosa menos fácil. Ahora bien, ¿por qué ha de ser esto así? La respuesta estriba en la extraordinaria potencia del hábito; y nuestros hábitos de pensamiento son a la vez los más sutiles y los más difíciles de romper. Abandonar un hábito físico es comparativamente más fácil, si uno se lo propone con seriedad, porque la acción sobre el plano físico es mucho más lenta y palpable que sobre el plano mental. Cuando se trata de hábitos mentales no podemos, por así decirlo, echarnos a un lado y mirarlos objetivamente como hacemos al contemplar nuestras acciones. Nuestros pensamientos se deslizan por el campo del conocimiento en una corriente incesante, y con tal rapidez que sólo con una vigilancia activa y constante podemos dirigirlos. Además, el teatro de nuestros actos es el lugar en que nos encontramos. No puedo obrar más que en donde estoy. Puedo, por supuesto, dar órdenes por carta o por teléfono, o puedo tocar un timbre y obtener ciertos resultados a distancia. No obstante, el acto mismo ocurre donde estoy y en el momento actual. En cambio, con el pensamiento puedo recorrer todo el panorama de mi vida, evocar a todas las personas que he conocido, y con igual facilidad puedo sumergirme en el pasado o remontarme hacia el futuro. Vemos, por lo tanto, que la tarea de lograr un equilibrio de pensamiento justo y pleno de armonía, es mucho mayor de lo que a primera vista parece.

Por esta razón, muchos se desalientan y se culpan a sí mismos, al no poder transformar enseguida su ritmo mental y, como dice San Pablo, destruir para siempre al viejo Adán. Esto, por supuesto, es un grave error. La condena de sí mismo, al ser un pensamiento negativo y por lo tanto injusto, tiende a producir más dolor aún, conservando el viejo círculo vicioso. Si no progresamos tan aprisa como quisiéramos, el remedio es redoblar la vigilancia a fin de mantener el pensamiento en un cuidadoso estado de armonía. No nos detengamos en nuestros errores o en la lentitud de nuestro progreso. Clamemos por la Presencia de Dios en nuestra vida, con tanto más ahínco cuanto mayor sea la dificultad que trata de desalentarnos. Pidamos Sabiduría, Poder o Prosperidad en la oración. Hagámonos un inventario mental y revisemos con cuidado nuestra vida, no sea que en algún rinconcito de nuestra mente aún se escondan pensamientos torcidos. ¿Sigue habiendo aún algún aspecto de nuestra conducta que no es del todo recto? ¿Hay alguien a quien no hemos perdonado todavía? ¿Nos permitimos algún tipo de odio político, religioso, o racial? Si tenemos allí tal sentimiento, seguro que está disfrazado bajo la capa de una falsa justificación. Si lo descubrimos, arranquémosle el disfraz de ilusión con que se oculta, y deshagámonos de él como si fuera una cosa perniciosa porque está envenenando nuestra vida. ¿Se nos ha colado en el corazón cierta dosis de envidia personal o profesional? Este sentimiento vicioso es mucho más común de lo que suele admitirse en buena sociedad. Si damos con él, echémoslo, cueste lo que cueste. ¿Estamos abatidos por alguna pena sentimental, algún anhelo inútil o imposible? En tal caso, reflexionemos. Como almas inmortales e hijos de Dios, poseyendo el dominio espiritual, ninguna cosa buena está fuera de nuestro alcance, aquí y ahora. No malgastemos tiempo lamentando el pasado, sino saquemos del presente y del futuro la realización espléndida de los deseos de nuestro corazón ¿Nos agobia el remordimiento por faltas pasadas? Pues tengamos presente que éste, a diferencia del arrepentimiento, no es más que una forma de orgullo espiritual. Gozarse en él, como hacen algunos, es traicionar al Amor y a la Misericordia de Dios, quien dice: "Contemplad ahora el día de la salvación." "Contemplad como hago cosas nuevas".

En esta Bienaventuranza, Jesús nos aconseja que no nos desanimemos si no obtenemos enseguida la victoria, si nuestro progreso parece lento. Por otra parte, si no hacemos ningún progreso, ello se debe con toda seguridad a que no estamos orando bien, y nos toca a nosotros descubrir la causa examinando nuestra vida y pidiendo de lo Alto sabiduría y dirección. En verdad, debemos pedir constantemente a Dios que nos ilumine y nos guíe, y derrame sobre nosotros el poder vivificante del Espíritu Santo, para que la eficacia de nuestra oración —nuestra prosperidad— se acreciente de día en día. Pero si vemos algún adelanto, si las cosas mejoran aun cuando sea despacio, no hay motivo para que nos sintamos desanimados. Tan sólo es necesario que nos esforcemos resueltamente, y que nuestros intentos sean sinceros. Es imposible que un hombre persevere en buscar la verdad y la justicia de todo corazón, sin que sea coronado por el éxito. Dios no es falso y no se burla de sus hijos.

'Bienaventurados los misericordiosos: porque ellos alcanzarán misericordia.'

He aquí un resumen conciso de la Ley de la Vida, que Jesús desarrolla más adelante en el Sermón (MATEO 7,1-5). Esta Bienaventuranza no requiere mucho comentario, porque las palabras empleadas comportan el sentido habitual que hoy se les da en la vida diaria, y la frase es tan clara y obvia en su significado como la ley expresada es sencilla e inflexible en su acción.

El punto que necesita tener en cuenta un científico cristiano que quiere aplicar científicamente su religión es que, como siempre, la aplicación vital del principio formulado en esta Bienaventuranza ha de hacerse en el campo del pensamiento. Lo que en esencia importa es que seamos mentalmente misericordiosos. Las buenas acciones, si van acompañadas de pensamientos no bondadosos, son pura hipocresía, dictadas por el temor, o el deseo de vanagloria, o algún motivo semejante. Son falsificaciones que no dan provecho al dador ni al que las recibe. Por otra parte, un pensamiento bueno hacia nuestro prójimo lo bendice espiritual, mental y materialmente, y nos bendice a nosotros al mismo tiempo. Seamos misericordiosos al juzgar a nuesto prójimo, porque lo cierto es que todos somos uno, y cuanto mayor parezca ser su error, tanto más grande es nuestro deber de ayudarle con el pensamiento adecuado, facilitándole así la manera de liberarse. Tan pronto comprendamos el poder del Pensamiento Espiritual —la Verdad del Cristo— adquirimos una responsabilidad que otros no tienen, y que no podemos evadir. Cuando tengamos evidencia de la falta de nuestro prójimo, recordemos que el Cristo que está en él clama por el socorro de nosotros, que estamos iluminados; así que, seamos misericordiosos.

Porque en realidad y en verdad todos somos uno; formamos parte del manto viviente de Dios. El mismo trato que hoy les damos a otros, tarde o temprano lo recibiremos; igualmente recibiremos la misma misericordia, en el momento en que la necesitemos, de aquéllos que están más adelantados en el camino que nosotros. Por encima de todo hay una verdad, y es que, liberando a otros del peso de nuestra condena, hacemos posible el absolvernos a nosotros.

'Bienaventurados los limpios corazón; porque ellos verán a Dios.'

Éste es otro de esos preceptos maravillosos en los que la Biblia es tan rica. Toda la filosofía de la religión se encuentra aquí, resumida en pocas palabras. Como es costumbre en las Escrituras, las palabras están usadas en un sentido técnico y abarcan una idea mucho más amplia que la que tienen en la vida diaria.

Empecemos considerando la promesa que se nos hace en esta Bienaventuranza. Nada menos que ver a Dios. Ahora bien, sabemos desde luego que Dios no tiene forma corporal, y por lo tanto el asunto no consiste en "verle" tal como vemos físicamente con nuestros ojos a un semejante o un objeto. Si pudiésemos ver a Dios de esta manera, sería Él limitado y, por lo tanto, ya no sería Dios. "Ver" se refiere aquí a la percepción espiritual, aquella capacidad de concebir la naturaleza verdadera de Dios, de la cual infortunadamente carecemos.

Vivimos en el universo de Dios, pero no conocemos en manera alguna cómo es en realidad. El Cielo no es un lugar lejano en el firmamento, sino que nos está rodeando ahora mismo. Pero como nos falta la percepción espiritual, no podemos reconocerlo, o, por decirlo de otro modo, no podemos experimentarlo. Y ése es el sentido en que podemos entender que se nos niega la entrada al Cielo. Estamos en contacto con un fragmento pequeñísimo de ese Cielo al cual llamamos universo, pero aun ese pequeño fragmento lo vemos torcido en su mayor parte. El Cielo es el nombre religioso que significa la presencia de Dios. El Cielo es infinito, pero nuestra manera de ver las cosas nos lleva a interpretarlo en función de un mundo de tres dimensiones. El Cielo es la Eternidad, pero la experiencia que tenemos aquí llega a nuestro conocimiento en serie, en una secuencia que llamamos "tiempo", lo cual nunca permite que comprendamos una experiencia en su totalidad. Dios es el Espíritu Divino, y en ese Espíritu no hay limitaciones ni restricciones de ninguna clase. Sin embargo, vemos todas las cosas distribuidas en lo que llamamos "espacio", es decir, están espaciadas; ello da lugar a una restricción artificial que constantemente estorba el reagrupamiento de los sucesos de nuestra experiencia que requiere el pensamiento creador.

El Cielo es el reino del Espíritu, la Sustancia pura; allí no hay vejez, ni decadencia, ni discordia; es el reino del Eterno Bien. Y sin embargo, a nuestros ojos todo está envejeciendo, decayendo, deteriorándose; floreciendo para marchitarse, naciendo para morir.

Nos parecemos a un daltónico que estuviera en un jardín rodeado de bellas flores. Por todo su alrededor hay colores gloriosos, pero él no los percibe, no está consciente de ellos. Para él todo es negro, o blanco, o gris. Si suponemos que le falta también el sentido del olfato, comprenderemos que no puede apreciar más que una parte infinitesimal de la magnificencia de ese jardín. No obstante, todo ese resplandor está delante de él y es para él; pero no es capaz de percibirlo.

A esta limitación se la conoce en Teología como "Caída del Hombre" y consiste en tener una tendencia a ejercer su voluntad en oposición a la voluntad de Dios. "Dios hizo al hombre íntegro, pero éste se ha buscado muchas limitaciones." Nuestra tarea es superar esas limitaciones tan rápidamente como sea posible, hasta que lleguemos a conocer las cosas como en realidad son. Esto es lo que quieren decir las palabras "ver a Dios" y verle "cara a cara". Ver a Dios es comprender la Verdad, una experiencia que trae la libertad infinita y la felicidad perfecta.

En esta maravillosa Bienaventuranza Jesús nos dice exactamente cómo habrá de cumplirse esta tarea suprema, y quiénes son los que la llevarán a cabo: los limpios de corazón. Aquí de nuevo hay que tener en cuenta que las palabras "puro" y "pureza" tienen un sentido mucho más amplio que el que corrientemente se les atribuye. "Pureza", en la Biblia, significa mucho más que la limpieza física, por importante que ésta sea. En plenitud de sentido consiste en el reconocimiento de Dios como la única Causa verdadera y el único Poder verdadero que existe. Es lo que en otro lugar se denomina "el ojo simple" y es nada menos que el secreto por medio del cual podemos escapar de toda enfermedad, desgracia o limitación, en fin, a la caida del hombre. Por lo cual, bien podríamos parafrasear esta Bienaventuranza más o menos de este modo:

"Bienaventurados quienes reconocen a Dios como la única Causa verdadera, la única Presencia verdadera y el único Poder real, no de una manera teórica o formal, sino en la práctica, es decir, con palabras, y acciones; y no meramente en una parte de su vida, sino en todo rincón de la vida y del espíritu; no teniendo reserva alguna para con Dios, sino armonizando la voluntad de ellos, aun en los detalles más menudos, con la voluntad de Él —porque ellos vencerán todas las limitaciones de espacio, tiempo y materia, así como las flaquezas de la mente carnal; y estarán conscientes y gozarán para siempre de la Presencia de Dios—."

Podemos advertir lo tosca que resulta cada paráfrasis de la verdad bíblica comparada con la concisión y gracia del Libro Santo. Pero conviene que cada persona parafrasee de vez en cuando los textos más conocidos de la Escritura, porque esto le ayudará a comprender con exactitud cuál es el significado que les va atribuyendo. Ello también servirá para destacar algún sentido profundo sobre el cual se ha pasado inadvertidamente. Notemos que Jesús habla de los limpios de corazón. La palabra "corazón" en la Biblia indica generalmente lo que los psicólogos modernos llaman la mente subconsciente. Esto es de extrema importancia, porque no basta que aceptemos la Verdad sólo con la mente consciente. En tal caso nuestra aceptación no es más que una opinión. Sólo cuando es aceptada por la mente subconsciente, y asimilada así por toda la mentalidad, puede la Verdad reformar el carácter y transformar la vida. "Como un hombre piensa en su corazón así es él." "Guarda tu corazón con diligencia, pues de él brotan las fuentes de la vida."

Mucha gente, especialmente la que se considera culta, posee un caudal de conocimientos que no logran cambiar ni mejorar su vida. Los médicos saben todo sobre la higiene, pero viven a menudo de una manera poco higiénica; los filósofos que están enterados de la sabiduría humana atesorada a través de los siglos, continúan conduciéndose de una manera tonta y absurda. Por consiguiente, unos y otros tienen vidas frustradas e infelices. La razón de ello es que sus conocimientos son simplemente opinión, *erudición* acumulada en la mente. Para que un conocimiento pueda cambiarnos es necesario que se incorpore a nuestra mente subconsciente, vale decir, que penetre hasta lo más íntimo del *corazón*. Los psicólogos modernos están en lo cierto al tratar de reeducar la mente subconsciente, aunque hasta ahora no han encontrado el método seguro para ello. Ese método no es otro que la Oración Científica, o sea, la práctica de la Presencia de Dios.

'Bienaventurados los pacíficos: porque ellos serán llamados hijos de Dios.'

Recibimos aquí una lección práctica de incalculable valor sobre el arte de la oración —y la oración, recordémoslo, es el único modo de renovar nuestra comunión con Dios—. A primera vista, esta Bienaventuranza puede pasar por una generalización religiosa de carácter meramente convencional, y hasta por una de esas trivialidades sentenciosas que usan los que quieren impresionar a sus oyentes no teniendo nada original que decir. A decir verdad, la oración es la única acción completa en el sentido más exacto de la palabra, porque es la única cosa capaz de cambiar el carácter. Un cambio en el carácter o en el espíritu es un verdadero cambio. Cuando se verifica un cambio de esa clase, el sujeto se torna diferente, y durante el resto de su vida se conduce de manera diferente. En otras palabras, ya no es la misma persona de antes. El grado de diferencia puede ser casi imperceptible cada vez que se ora; sin embargo, aunque pequeño, tiene lugar, porque es imposible orar sin que nos hagamos diferentes en algún grado Si pudiésemos tomar consciencia plenamente de la Presencia de Dios, un cambio radical y dramático se obraría en nuestro carácter en un abrir y cerrar de ojos, transformando nuestro modo de pensar, nuestros hábitos, nuestra vida entera. La historia registra numerosos ejemplos de esta clase, tanto en Oriente como en Occidente; las llamadas conversiones son hechos auténticos que lo ejemplifican con claridad. Tan radical es el cambio que resulta de la oración que Jesús lo llama "nacer de nuevo". En efecto, puesto que la persona se convierte en otro ser, es lo mismo que si naciera de nuevo. La palabra "oración" incluye toda forma de comunión con Dios, así como todo esfuerzo encaminado a ese fin, ya sea vocal o puramente mental. La oración puede ser también afirmación o invocación, siendo cada una de ellas buena en su propio lugar; puede ser asimismo meditación, y la más elevada de todas las formas de oración, que es la contemplación.

Si no estamos acostumbrados a orar, todo lo que podemos hacer es expresar nuestra personalidad tal como es en cualquier circunstancia de la vida en que nos encontremos. A tal punto es cierto esto, que la mayoría de los que nos conocen podrían decir de antemano cómo reaccionaríamos en presencia de cualquier dificultad o crisis; pero la oración, al cambiar nuestro carácter hace posible una reacción nueva.

Cuando la oración es eficaz, la Presencia de Dios se realiza en nosotros, que es el secreto de nuestra curación y la curación de otros también; asimismo obtenemos aquella inspiración que es la vida del alma y la causa de nuestro desarrollo espiritual. Pero para que esta Presencia de Dios sea un hecho en nosotros, y nuestras oraciones sean eficaces, es preciso que alcancemos cierto grado de verdadera paz mental. Esta paz interior ha sido llamada por los místicos serenidad y ellos no se cansan jamás de repetirnos que la serenidad es el gran vehículo de la Presencia de Dios —el mar suave como un espejo que rodea al Gran Trono Blanco—. Esto no quiere decir que sin la serenidad no se puedan vencer por medio de la oración aun las mayores dificultades, porque por supuesto se puede. En efecto, cuanto mayores son nuestros problemas, menor es la serenidad de que podemos disponer, y la serenidad misma sólo se obtiene por la oración y por la acción de perdonar a los demás y a uno mismo. Pero hemos de tener la serenidad para avanzar en el reino del espíritu, aquella tranquilidad de alma a la cual se refiere Jesús con la palabra "paz", una paz que supera el entendimiento humano.

Los pacíficos de que se habla en esta Bienaventuranza, son aquéllos que realizan esta paz verdadera o serenidad en sus propias almas, porque son ellos los que superan las dificultades y limitaciones y llegan a ser no sólo potencialmente sino, verdaderamente, los *hijos de Dios*. Esta condición de espíritu es el objetivo principal de todas las instrucciones que Jesús nos da en el Sermón de la Montaña, y en otras partes: "La paz os dejo, mi paz os doy. No se turbe vuestro corazón ni se intimide". Cuando hay temor, o resentimiento, o alguna inquietud en nuestro corazón, esto es, mientras nos falta la serenidad o la *paz*, no nos es posible lograr mucho.

Para conseguir la concentración del espíritu se precisa tener cierto grado de serenidad.

Por supuesto que ser pacífico en el sentido corriente, como el que se dedica a poner fin a las querellas de otros, es sin duda cosa excelente; pero, como bien sabe todo aquél que esté dotado de sentido práctico, es un papel bastante difícil de interpretar. Cuando uno interfiere en contiendas ajenas, generalmente las cosas empeoran en lugar de mejorar. Por regla general, es nuestra opinión personal la que nos sirve de guía, y es raro que una opinión personal no sea injusta. Si logramos que los adversarios examinen de nuevo las causas de la disputa desde otro punto de vista, nuestros esfuerzos no habrán sido inútiles; pero, por otra parte, si solamente ponemos por obra un término medio en el cual consienten por motivos de propio interés o por compulsión, entonces la reconciliación no será más que superficial, no habiendo en ese caso paz verdadera, porque ambos no se sienten así contentos e indulgentes.

Una vez que comprendamos el poder de la oración, seremos capaces de sanar muchas disputas de manera definitiva; algunas veces sin pronunciar palabra alguna. Pensar silenciosamente en el Amor y la Sabiduría del Todopoderoso es suficiente para disipar imperceptiblemente los motivos que acarrean disputas. Entonces, la mejor solución para todos, cualquiera que sea, se efectuará gracias al poder silencioso de la Palabra.

'Bienaventurados los que padecen persecución por causa de la justicia: porque de ellos es el reino de los cielos. Bienaventurados sois cuando os vituperaren y os persiguieren y dijeren de vosotros todo mal por mi causa, mintiendo. Gozaos y alegraos; porque vuestra merced es grande en los cielos: que así persiguieron a los profetas que hubo antes de vosotros.'

Como hemos visto, el carácter esencial de la enseñanza de Jesús es que la Voluntad de Dios para nosotros es armonía, paz y gozo; que tales cosas puedan convertirse en realidad para nosotros cultivando un modo de pensar justo y recto es una frase que nos sorprende. Jesús nos dice constantemente que es la voluntad de nuestro Padre darnos su Reino y que para merecer la justicia hemos de cultivar la serenidad, la paz interior. Él declara que los pacíficos que cumplen esto adquirirán orando prosperidad, heredarán la tierra, verán a Dios y su duelo se transformará en gozo. No obstante, aquí aprendemos que los que son perseguidos a causa de la justicia, son bienaventurados, porque de ese modo triunfarán; que el ser vituperado y denunciado es causa de gozo y felicidad, y que los Profetas y los grandes Iluminados también sufrieron estas cosas.

Todo esto es sin duda asombroso, y a la vez perfectamente correcto; sólo que comprendamos una cosa: que el origen de toda esta persecución no es otra cosa que nosotros mismos. No hay un persecutor exterior a nosotros mismos. Siempre que encontremos difícil lo justo o el pensar con rectitud; siempre que sintamos la tentación de considerar injustamente determinada situación, o persona, o aun nosotros mismos; siempre que nos sintamos inclinados a ceder a la cólera, o a la desesperación, entonces somos perseguidos a causa de la justicia, lo cual resulta ser una condición bienaventurada y bendita.

Todo tratamiento espiritual u Oración Científica implica una lucha con el "Yo inferior" el cual prefiere el viejo modo de pensar y se levanta y nos insulta, por decirlo dramáticamente, a la manera oriental.

Todos los grandes Profetas e Iluminados de la especie humana, que al fin alcanzaron la victoria, lo hicieron tras una serie de batallas consigo mismos, cuando su naturaleza inferior, el viejo Adán, los perseguía. Jesús mismo "tentado en todo según nuestra semejanza" tuvo más de una vez que hacer frente a esta "persecución", especialmente en el Huerto de Getsemaní, y durante algunos minutos, en la Cruz misma. Ahora bien, como estos combates con nuestra naturaleza inferior han de llevarse a cabo tarde o temprano, será mejor efectuar la lucha y vencer lo antes posible. De manera que estas persecuciones resulten ser, relativamente hablando, bendiciones divinas.

Notemos que en realidad no hay virtud alguna o provecho siquiera en el mero hecho de que otros nos molesten o persigan. Nada absolutamente viene a nuestra experiencia, a menos que haya algo en nosotros que lo atraiga. Por lo cual, si nos acontecen molestias o dificultades es sin duda debido a que algo en nuestra mente necesita ser examinado y aclarado; porque siempre vemos las cosas como somos capaces de concebirlas. He aquí un peligro grave para los débiles, los vanidosos y los presuntuosos. Si los demás no los tratan como ellos quisieran, o si no reciben el respeto y la consideración que ellos creen que se les debe tener, aunque probablemente no lo merecen, se sienten con frecuencia inclinados a creer que son "perseguidos" a causa de su superioridad espiritual, e incurren en el absurdo de darse aires de grandeza con tal motivo. He aquí una patética ilusión. Según la Gran Ley de la Vida, de la cual todo el Sermón de la Montaña es una exposición, solamente podemos recibir a través de nuestra existencia lo que en cada momento nos corresponde, y nadie puede impedirnos el conseguir lo que nos toca; por esta razón toda persecución o frustración proviene absolutamente de lo interior.

A pesar de que hay una tradición sentimental a la que va unido, el martirio no conlleva ninguna virtud en sí. Si el "mártir" tuviese una comprensión suficiente de la Verdad, no le sería necesario sufrir esa experiencia. Jesús no fue un mártir. Habría podido escaparse en cualquier momento, si hubiese querido evitar la crucifixión. Pero era necesario que alguien triunfase sobre la muerte, y por esa razón consintió en morir. Él quiso, de forma deliberada y a su modo, realizar para nosotros una obra de antemano premeditada, y no precisamente.un martirio. Lejos esté de nosotros el menospreciar el valor ilustre y la abnegación heroica de los mártires de todos los siglos; pero debemos recordar que si hubiesen tenido una comprensión cabal, no habrían llegado al hecho del martirio. Tener el martirio como un bien supremo, tal como hacían muchos, es tentar al destino, porque se atrae toda cosa sobre la cual se concentra la atención. Aún admirándolos a causa de la elevación espiritual que alcanzaron, sabemos que, si los mártires hubiesen amado a sus enemigos lo bastante —es decir, amarlos en el sentido científico de la palabra—, reconociendo en ellos la Verdad, entonces sus perseguidores romanos —incluso el mismo Nerón— habrían abierto las puertas de sus prisiones, y los fanáticos de la Inquisición habrían reconsiderado su causa.

Capítulo 3

Como un hombre piensa

*Vosotros sois la sal de la Tierra; pero si la sal
se desvirtúa, ¿con qué se la salará? Para
nada aprovecha ya, sino para tirarla y
que la pisen los hombres.*
*Vosotros sois la luz del mundo. No puede
ocultarse una ciudad asentada sobre un
monte, ni se enciende una lámpara y se la
pone debajo de un celemín, sino sobre el
candelero, para que alumbre a todos
cuantos están en la casa.*
*Así ha de lucir vuestra luz ante los hombres,
para que, viendo vuestras obras buenas,
glorifiquen a vuestro Padre que está en
los cielos.*

(MATEO V, 13-16)

EN este maravilloso pasaje, Jesús se está dirigiendo a aquéllos que han llegado a comprender la esclavitud de las cosas materiales y adquirido alguna
comprensión de la naturaleza del Ser. Es decir, Él

está hablando a quienes reconocen la Omnipotencia de Dios o del Bien, y la impotencia de lo malo en presencia de la Verdad. A tales personas las llama "la sal de la tierra y la luz del mundo"; y ello ciertamente no es ensalzar demasiado a los que comprenden la Verdad y la ponen de manifiesto en sus vidas personales. Es posible, y en efecto, es demasiado fácil, aceptar la verdad de estos principios fundamentales, proclamar su belleza, y sin embargo no ponerlos en práctica en la propia vida. Pero ésta es una actitud peligrosa, porque en tal caso la sal ha perdido su sabor y no es buena.

Si comprendemos y aceptamos lo que Jesús enseña; si nos esforzamos por realizarlo en cada fase de nuestra vida diaria; si tratamos sistemáticamente de destruir en nosotros mismos todo aquello que sabemos no debería estar ahí, es decir, el amor propio, el orgullo, la vanidad, la sensualidad, la presunción, el recelo, la conmiseración de nosotros mismos, incluyendo también aquí el resentimiento, la condenación, etcétera; si no alimentamos estos defectos cediendo a ellos, sino que los dejamos morir negándonos a que tomen expresión; si cultivamos con toda lealtad un recto pensar hacia todas las personas o cosas a nuestro alcance, y especialmente a las personas que no nos son simpáticas y a las cosas que no nos gustan, es entonces cuando somos dignos de ser llamados "la sal de la Tierra".

Si verdaderamente vivimos esta vida, las circunstancias que nos rodean actualmente carecen de toda importancia; cualesquiera que sean las dificultades con que tengamos que luchar, serán superadas, y la verdad de nuestra doctrina tendrá su demostración. Y no solamente haremos esta demostración en el más breve tiempo posible, sino que seremos capaces, positiva y literalmente, de ejercer una influencia luminosa y sanadora a nuestro alrededor, y ser bendición para toda la humanidad. Es más, haremos bien a hombres y mujeres en lugares y tiempos remotos, a personas que jamás han oído ni oirán hablar de nosotros, seremos así la luz del mundo, por sorprendente y maravilloso que parezca.

El estado de nuestra alma se manifiesta a través de las condiciones exteriores de nuestra vida material, y en la influencia intangible que irradiamos. Hay una Ley Cósmica: que nada puede negar permanentemente su propia naturaleza.

Emerson dijo: "Lo que eres grita con una voz tan alta que no puedo oír lo que estás diciendo." En la Biblia la palabra "ciudad" simboliza siempre la conciencia, y la palabra "montaña" simboliza la oración o actividad espiritual. *"Alzo mis ojos a los montes, de donde ha de venir mi socorro"* (SALMOS 121,1). *"Si Yahvé no guarda la ciudad, en vano vigilan sus centinelas"* (SALMOS 127, 1.)

El alma que va desarrollándose y que se construye en la oración no se puede esconder, brilla esplendorosamente a través de la vida que vive. Habla de por sí, pero en un silencio profundo, y cumple sus mejores obras inconscientemente. Su sola presencia sana y bendice sin esfuerzos todo lo que la rodea.

Nunca debemos tratar de imponer a otros la Verdad Espiritual. Más bien, vivamos de tal manera que se queden tan impresionados por nuestra conducta, por la paz y felicidad que nos iluminan el semblante, que acudan espontáneamente a pedirnos que repartamos con ellos la cosa maravillosa que poseemos. El alma que vive así habita en la Ciudad de Oro, la Ciudad de Dios. Esto es lo que significa *así ha de lucir vuestra luz* para gloria de nuestro Padre que está en los cielos. (MT. 5.16)

> No penséis que he venido a abrogar la ley o los profetas: no he venido para abrogar, sino a consumarla. (MT. 5,16)
>
> Porque en verdad os digo, que antes pasarán el cielo y la tierra, que falte una jota o una tilde de la ley, hasta que todo se cumpla.
>
> Si, pues, alguno infringiere alguno de estos preceptos menores, y así enseñare a los hombres, será tenido por muy pequeño en el reino de los cielos; pero el que practicare y enseñare, éste será tenido por grande en el reino de los cielos.
>
> Porque os digo, que si vuestra justicia no supera a la de los escribas y fariseos, no entraréis en el reino de los cielos.
>
> (MATEO, V-20)

El verdadero cristianismo es una influencia totalmente positiva. Engrandece y enriquece la vida del hombre, la hace más amplia y mejor; nunca más mezquina. El conocimiento de la Verdad no nos puede acarrear la pérdida de nada que valga la pena poseer. Los sacrificios vienen sin duda, pero las cosas que hemos de sacrificar son aquéllas cuya posesión nos hace infelices, no las que nos traen la felicidad. Muchas personas tienen la idea de que comprender mejor a Dios requiere la renuncia a muchas cosas que sentirían perder. Decía una joven: "Confiaré en la religión más tarde, o cuando sea vieja, pero ahora quiero disfrutar un poco." Esto es confundir la cuestión. Las cosas que uno tiene que sacrificar son el egoísmo, el temor y la idea de que la limitación es necesaria. Una cosa sobre todo ha de ser sacrificada: la creencia de que el mal tiene alguna resistencia o poder aparte del que nosotros mismos le concedemos creyendo en él. Acercarse a Dios no habría causado a aquella joven pérdida alguna de felicidad. Por el contrario, habría ganado un caudal inmenso de felicidad. Cierto es que, a medida que su alma fuera ganando en desarrollo, habría encontrado que ciertas formas del placer ya no le causaban satisfacción. Pero, de ocurrir esto, habría encontrado también una compensación mucho más valiosa en la nueva luz que iluminaría toda fase de su vida, y en los nuevos y maravillosos aspectos que vería en las cosas a su alrededor. Son sólo las cosas sin valor las que tienen que desaparecer bajo la acción de la Verdad.

Por otra parte, sería de todo punto insensato que una persona creyese que el conocimiento de la Verdad del Ser la colocaría por encima de la ley moral, autorizándola a quebrantarla. En tal caso descubriría muy pronto que había cometido un error fatal. Cuanto mayor es nuestro conocimiento espiritual, tanto más severo es el castigo que nos acarrea si violamos la ley moral. El cristiano no puede permitirse el ser más descuidado que otros en la observancia rigurosa de todo el código moral; antes al contrario, debe ser mucho más cuidadoso que las demás personas. En efecto, todo desarrollo espiritual verdadero va acompañado necesariamente de un progreso moral definido. Una aceptación teórica de la letra de la Verdad puede ir acompañada de descuido moral (con grave peligro del delincuente), pero es del todo imposible progresar en el aspecto espiritual a menos que se trate sinceramente de vivir según la ley moral. No es posible en manera alguna separar el conocimiento espiritual verdadero de la conducta justa y moralmente sana que le corresponde. Una "jota" (la jota griega) significa "hod", la letra más pequeña del alfabeto hebraico. La "tilde", parecida a un "pequeño cuerno", es una de esas pequeñas prominencias que distinguen una letra hebraica de otra. Esto quiere decir que conviene no sólo vivir según la letra de la ley moral, sino también en los más mínimos detalles. Hemos de mostrarnos no sólo según las normas morales corrientes, sino de acuerdo con el más elevado concepto del honor.

Los escribas y los fariseos, a pesar de sus defectos, eran en su mayor parte hombres honrados, que obedecían en su vida particular la ley moral tal como la comprendían. Por desgracia, no conocían más que la letra de la ley a la cual se conformaban escrupulosamente, cumpliendo su deber tal como lo concebían. Sus defectos consistían en la fatal debilidad que surge dondequiera que haya formalismo religioso: orgullo espiritual y presunción de la propia rectitud. Ellos eran completamente inconscientes de tales defectos, creían obrar bien en todo, lo cual es la mortal ilusión de estas enfermedades del alma. Jesús comprendió esto y le dio su lugar; de ahí que advirtiera a sus seguidores que, a menos que su conducta fuera tan buena como la de aquella gente, y aun mejor, no debían en modo alguno suponer que estaban progresando en el camino espiritual. El desarrollo espiritual y el nivel más alto de conducta deben ir juntos. No puede existir lo uno sin lo otro.

A medida que crecemos en poder espiritual y en comprensión, vamos comprobando que muchas reglas que gobiernan el aspecto exterior de la conducta llegan a ser completamente innecesarias; pero esto es consecuencia de que nos hemos elevado sobre ellas; nunca, nunca, porque hayamos caído por debajo de su nivel. Llegar a este punto, donde la comprensión de la Verdad permite pasar por alto ciertos requisitos y ordenanzas exteriores, es llegar a la Mayoría de Edad Espiritual. Tan pronto como uno deja de ser espiritualmente niño deja de necesitar algunas de aquellas observancias externas que antes le parecían indispensables. Nuestra vida, entonces, resulta más pura, más verdadera, más libre y menos egoísta de lo que era antes. Y ello es la prueba.

Para dar un sencillo ejemplo, algunas personas encuentran que, en cierto estado de su progreso, sus procesos mentales alcanzan tal grado de método y claridad que pueden hacer su trabajo diario, cumplir sus compromisos y desempeñar sus deberes sin necesidad de reloj. Al mismo tiempo sucede que un amigo, sabedor de esto y deseando emularlos, deja en casa su reloj, y resulta que llega tarde a sus citas, trastornando así todas las ocupaciones del día tanto a sí mismo como a los demás. Cuando el discípulo esté listo espiritualmente para pasar sin utilizar reloj, hará cada cosa a su tiempo sin tener que consultarlo. Si, por el contrario, tiene que esforzarse para pasarse sin reloj y después llega tarde a las citas del día, es evidente que todavía no ha alcanzado el poder espiritual necesario. Es mejor que lo lleve y que trabaje a su hora, y que se consagre a cosas que realmente importan, tales como sanarse a sí mismo y a otros, venciendo el pecado, esforzándose por lograr comprensión y sabiduría, etcétera. No se puede apresurar ni forzar el momento en que se alcanza la Mayoría de Edad Espiritual; tiene que llegar a su debido tiempo, cuando la conciencia esté lista, así como el florecimiento de un bulbo está sujeto a la evolución natural de la planta. Tenemos que mostrarnos allí dónde estamos. Pretender mostrarnos más allá de donde verdaderamente estamos no es prueba de espiritualidad. El progreso espiritual es una cuestión de desarrollo, que no debe ser imprudentemente apresurado. Pongamos con entusiasmo nuestra atención en las cosas espirituales y, mientras tanto, hagamos todo lo que es necesario hacer, sencillamente; y sin tratar conscientemente de precipitarnos, nos sorprenderemos al comprobar lo rápido de nuestro progreso.

Tomemos un simple ejemplo: supongamos que ha ocurrido un accidente en la calle y nos encontramos con un hombre que se ha cortado una arteria y le brota la sangre a chorros. Lo natural será que, si no se reprime esa sangría, la víctima muera en pocos minutos. ¿Qué debemos hacer? ¿Qué actitud mental debemos asumir? La respuesta es muy sencilla. Debemos "mostrar la otra mejilla" conociendo la Verdad de la Omnipresencia de Dios.

Si vemos esto lo suficientemente claro, como Jesús lo haría, por ejemplo, la arteria cortada será curada enseguida, y no habrá que hacer nada más. Sin embargo, es muy probable que la mayoría de nosotros no haya alcanzado un desarrollo espiritual suficiente para obtener tales resultados, por lo cual, mostrando en donde estamos, debemos tomar las medidas habituales para salvarle la vida al hombre, improvisando un torniquete.

O supongamos también, que un niño cae en un canal en el momento que pasamos por allí. Si tenemos Poder Espiritual suficiente, el niño se verá sano y salvo; pero si no, entonces tendremos que salvarle del mejor modo posible, sumergiéndonos si es necesario, orando al mismo tiempo.

Pero, ¿qué diremos del hombre que, consciente de sus imperfecciones morales, acaso un grave pecado habitual, desea con sinceridad desarrollarse espiritualmente? ¿Ha de posponer la búsqueda de conocimientos espirituales hasta que su conducta sea reformada? De ninguna manera. En realidad, todo esfuerzo para mejorar moralmente sin un previo desarrollo espiritual está malogrado de antemano. Así como ningún hombre —para usar la frase de Lincoln— puede levantarse del suelo tirando de las correas de sus botas, tampoco puede un pecador reformarse por sus propios esfuerzos personales. El único resultado de confiarse a sí mismo en tales casos será un repetido fracaso, el desaliento consiguiente, y probablemente, al fin, la desesperación de no poder mejorar. La única cosa que debe hacer la persona es orar sistemáticamente, sobre todo en el momento de la tentación, y dejar a Dios la responsabilidad del éxito. De esta suerte debe perseverar, no importa cuántos fracasos vengan; y si continúa orando, especialmente orando de una manera científica, encontrará muy pronto que, en efecto, el poder del mal se ha roto y que él mismo está ya libre de ese pecado. Orar científicamente es afirmar con insistencia que Dios nos ayuda, que la tentación no tiene ningún poder sobre nosotros, y que el hombre es, según su naturaleza verdadera, espiritual y perfecto. Este método es mucho más eficaz que el de pedir simplemente la ayuda de Dios. De este modo, la regeneración moral y el desarrollo espiritual se llevan a cabo de manera simultánea. La vida cristiana no requiere que poseamos una perfección de carácter; si así fuera, ¿quién de nosotros estaría capacitado para vivirla? Lo que sí se requiere es un esfuerzo honrado y genuino por acercarnos lo más posible a tal perfección.

> Habéis oído que se dijo a los antiguos: No matarás; cualquiera que matare, será reo de juicio.
>
> Mas yo os digo, que quien se irrita contra su hermano, será reo de juicio; y cualquiera que dijere, a su hermano "raca", será reo ante el Sanedrín y el que dijere "loco" será reo de la gehenna del fuego.
>
> Si vas, pues, a presentar una ofrenda ante el altar, y allí te acuerdas de que tu hermano tiene algo contra ti:
>
> Deja allí tu ofrenda ante el altar, ve primero a reconciliarte con tu hermano, y luego vuelve a presentar tu ofrenda.
>
> (MATEO, V 21-24)

La Ley Antigua, al tener que ver con un estado más primitivo y bajo de la conciencia humana, se aplicaba necesariamente a cosas exteriores, porque la evolución aparente del hombre primitivo operaba mientras él se levantaba del mundo de las meras apariencias hacia la vida del pensamiento, de lo exterior hacia lo interior; mientras que todo desarrollo espiritual se expresa al revés, del espíritu hacia el mundo de apariencias, de dentro hacia fuera. Toda la atención del hombre primitivo está concentrada en lo que le llega a través de sus sentidos. Él cree que puede encontrar en su mundo físico la causa y también los efectos. Pero mientras se desarrolla espiritualmente, llega a comprender que las cosas exteriores no son más que el resultado de causas y sucesos interiores. Cuando esto se percibe, ha comenzado la búsqueda de Dios. Así, la Ley Antigua, por lo menos en la letra, se ocupaba casi exclusivamente de cuestiones externas, y quedaba satisfecha si eran cumplidas. Si un hombre no mataba, obedecía la Ley, por grande que fuese su deseo de matar, y por intenso que fuese su odio hacia su enemigo. Con tal que no se apropiase de los bienes de su vecino, el hombre vivía según la Ley, por mucho que desease cometer el robo.

Jesús vino a preparar a la humanidad para dar el paso más importante de todos, a saber, el de ensanchar nuestras fronteras espirituales. El objeto principal del Sermón de la Montaña, que es la esencia del mensaje cristiano, es mostrarnos la necesidad de dar este paso; es enseñarnos que, para alcanzar la Mayoría de Edad Espiritual no solamente tenemos que conformarnos con las reglas exteriores, sino que también hemos de cambiar toda nuestra vida interior. Jesús decía que el deseo de matar, o aun el enfadarse uno con su hermano, es por sí mismo bastante para impedirnos la entrada al Reino de los Cielos, y por supuesto que así es. Fue un gran paso en el progreso cuando se pudo persuadir a las gentes bárbaras y primitivas, no solamente de que no matasen a quienes los ofendían o agraviaban, sino que era necesario además adquirir bastante control de sí mismos para dominar su cólera. Ninguna prueba espiritual puede cumplirse si no se destruye la cólera en el corazón. Es imposible tener alguna experiencia de Dios, o ejercer una influencia espiritual digna de atención, o llevar a cabo la sanació de los enfermos hasta que uno se deshaga del resentimiento y de la condenación del prójimo. Mientras no estemos listos para deshacernos de estos sentimientos malos, el resultado de nuestras oraciones será de muy poco valor. No cabe duda alguna de que cuanto más amor haya en el corazón, tanto más poder tendrán las oraciones; por eso los que se proponen alcanzar éxito en el camino del desarrollo espiritual, tienden a esforzarse constantemente para quitar de su espíritu todos los pensamientos de crítica y condenación. Saben que pueden escoger entre la prueba o la indignación, pero nunca ambas a la vez. Y no malgastan su tiempo tratando de realizar lo imposible.

La indignación, el resentimiento, el deseo de castigar a otros o de verlos castigados, el deseo de decirse a sí mismo "le han pagado con la misma moneda"; el sentimiento de "le está bien empleado", todas estas cosas forman una barrera impenetrable a la acción espiritual. Jesús, sirviéndose de símbolos a la manera oriental, nos dice que si venimos con algún presente al altar y nos acordamos de que nuestro hermano tiene algún resentimiento contra nosotros, debemos depositar allí nuestro presente e ir a reconciliarnos antes con nuestro hermano; después de lo cual, el presente será aceptable. Como sabemos, era costumbre llevar al templo ofrendas de diversas clases —desde toros y vacas hasta palomas, y también incienso, o, si convenía, una ofrenda en dinero del mismo valor de estas cosas—. Ahora, según la Nueva Ley o dispensa cristiana, nuestro altar es nuestra propia conciencia y nuestras ofrendas son nuestras oraciones y nuestros ejercicios espirituales. Nuestros "sacrificios" son los pensamientos malos que destruimos en el fuego espiritual. Y es por eso que Jesús nos dice que, cuando vamos a orar, si nos acordamos de que tenemos un sentimiento vengativo contra alguno de nuestros prójimos o contra cierto grupo, debemos detenernos allí, reflexionar y meditar hasta que nos deshagamos de este sentimiento enemigo, y restablezcamos nuestra integridad espiritual.

Jesús desarrolla esta gran lección, otra vez según la manera oriental, por pasos sucesivos —tres en este caso—. Primero dice que el que está enojado con su hermano corre un gran riesgo; seguidamente expresa que el hombre que guarda en sí un sentimiento vengativo contra su prójimo está en peligro grave; y finalmente nos advierte que, si nos permitimos considerar a nuestro hermano un marginal fuera de los límites de conducta aceptable, y decirlo, nos cerramos así la puerta del Reino de los Cielos mientras nos mantengamos en ese estado mental. Y por último nos previene que el llamar a un hombre "loco" en tal sentido equivale a no esperar ningún bien de él, esto es, negar en un ser humano el poder del Cristo viviente. Y muy serias consecuencias se derivarán seguramente de semejante actitud.

> Muéstrate conciliador con tu adversario mientras vas con él por el camino; no sea que te entregue al juez, y el juez al alguacil, y seas puesto en prisión.
>
> Que en verdad te digo, que no saldrás de allí, hasta que pagues el último centavo.
>
> (MATEO, V 25-26)

Este párrafo es de la mayor importancia práctica. En él Jesús insiste en su mandamiento "velad y orad". Es mucho más fácil superar una dificultad que acaba de aparecer que esperar a que tenga tiempo de arraigarse en la mente, hasta que se instale hondamente. Los soldados saben que mientras las tropas enemigas marchen a campo raso, es relativamente fácil derrotarlas y destruirlas; pero una vez atrincheradas su derrota se hace muy difícil. Así sucede con el mal. En el momento en que se presenta a nuestra atención, debemos rechazarlo, repudiarlo, negarle cabida en nosotros, y, afirmando serenamente la Verdad, no darle la oportunidad de instalarse. Si hacemos esto, encontraremos que no tendrá ningún poder sobre nosotros. Este método implicará una gran lucha mental, y es posible que por un momento el enemigo parezca ganar terreno; pero, con tal que le ataquemos al principio, le veremos de pronto desaparecer, y nosotros saldremos victoriosos.

De otro modo, aceptando un error y pensando en él, lo incorporamos a la mente; y en tanto persistamos en tal actitud, más difícil será deshacernos de él. La mayoría de nosotros hemos comprobado la veracidad de esta afirmación tras una dolorosa experiencia. Una vez que hemos aprendido a orar científicamente, encontramos relativamente fácil vencer nuevas dificultades a medida que se van presentando; pero aquéllas que se hallan alojadas en la mente ya por mucho tiempo, son difíciles de expulsar.

Siempre que Jesús deseaba acentuar para sus oyentes un punto de importancia especial, acostumbraba a servirse de algún ejemplo tomado de la vida diaria. Las leyes que entonces se referían a los deudores eran en extremo severas. Cuando un hombre estaba en deuda, le era importante llegar a un acuerdo con su acreedor de una manera u otra, y lo más pronto posible. Aun hoy en día es conveniente que el caso no llegue a los tribunales, si se quieren evitar gastos inútiles. Cuanto más dura el proceso, tanto más se aumenta su costo: los honorarios de los abogados, los impuestos del tribunal y otros gastos diversos además de la deuda original. Así sucede con las distintas dificultades que se nos presentan en la vida diaria. La dificultad inicial suele multiplicarse muchas veces por nuestros pensamientos erróneos acerca de ella, y no nos liberaremos hasta que la deuda no haya sido pagada. En cambio, poniéndonos de acuerdo primero con el adversario, esto es, aplicando al caso un pensamiento recto, no añadiremos gastos a la deuda, y la dificultad será vencida fácilmente.

Tomemos un ejemplo familiar: estamos estornudando. Si decimos: "Ya he vuelto a resfriarme" y continuamos, como suelen hacer muchas personas, pensando que hemos cogido un catarro con toda la serie de inconvenientes que lo acompañan, estamos ofreciendo al resfriado incipiente un terreno de cultivo donde desarrollarse. ¿Y quién no se ha entregado algunas veces a una serie de reflexiones sobre las enfermedades en general y los resfriados en particular? Trata uno de determinar el momento exacto en que se resfrió, y decide con cierta satisfacción que este resfriado es probablemente el resultado de haberse sentado el martes cerca de una ventana abierta, o de haberse quedado el miércoles con un amigo que tenía un resfriado, etcétera. Luego se acuerda de varios llamados remedios, los cuales, sin embargo, han resultado ineficaces en repetidas ocasiones. Empieza a preguntarse cuánto tiempo durará este nuevo resfriado, suponiendo que diez días o quince serán su duración apropiada. En ciertos casos, habiendo adquirido la costumbre de atribuirles ciertas compli-

caciones, decide que puede resultar una bronquitis, o
un ensordecimiento general, o un mal de vientre,
o cualquier otra cosa. Tal como hemos visto, éste es
el orden exacto en que se producen todas estas cosas
y, como consecuencia natural, ocurre que en el
mismo orden previsto los síntomas van dejándose
ver.

Si tal persona tiene algún conocimiento general
de la Verdad, después de estar pensando de aquel
modo por un tiempo, comenzará a aplicarse el tratamiento espiritual de la mejor manera a su alcance.
Pero ya el error ha tomado mucho cuerpo porque le
ha permitido atrincherarse, y le será muy difícil entonces desembarazarse de su resfriado. En cambio, si
al estornudar o sentir escalofríos, hubiese rechazado
inmediatamente la idea de resfriarse, reclamando su
poderío y afirmando la Verdad, eso habría puesto
fin al caso, o por lo menos, la molestia se habría
pasado al cabo de unas horas.

La misma regla vale para cualquier otra forma de
error mental. Tanto las dificultades de la familia como las de los negocios o cualquier cosa de la vida
diaria, deberán ser tratadas de igual manera. Supongamos que cierto dia, al abrir las cartas en el correo
de la mañana, encontramos malas noticias financieras. Digamos, por ejemplo, que el banco en donde
depositamos la mayor parte de nuestro dinero ha
quebrado. La actitud general en tales casos es aceptar lo peor y estancarse en la mala noticia. En semejante situación, muchas personas se saturarían completamente con la idea de la bancarrota, pensando en
ella día y noche, y discutiendo todos los detalles y
repasando las diversas dificultades que podrán sobre-
venir. Además, sentirían en muchos casos un agudo

76

resentimiento y condena hacia los ejecutivos del banco y hacia todos aquéllos que pudieran ser los culpables. Pero incluso un conocimiento rudimentario del poder del pensamiento nos permite percibir los resultados inevitables de esta actitud mental. Sabemos que no puede hacer más que aumentar y multiplicar nuestras dificultades.

Naturalmente, en tal caso todo discípulo sincero de Jesucristo empezaría, tarde o temprano, a rechazar en su mente tales pensamientos negativos y a sustituirlos por lo que está aprendiendo: la Ley Divina. Puede ser, sin embargo, que, sorprendido por la precipitación y gravedad del suceso, pase algún tiempo antes de que comience a ver el problema a la luz de la Verdad; y es esta tardanza lo que complicará en gran medida la dificultad. De acuerdo con Jesús, lo que conviene hacer al recibir las malas noticias es volverse a Dios —el apoyo verdadero—, negarse a aceptar los pensamientos de la pérdida y el peligro, y todos los que tengan que ver con el resentimiento y el temor. Si así se hace con persistencia hasta que se restablezca la tranquilidad mental, se encontrará pronto fuera del peligro, de una manera u otra; la desgracia se desvanecerá y el orden será restablecido. El banco recobrará su crédito —y no hay razón alguna por la cual la oración de una sola persona no pueda salvar de la ruina las fortunas de miles de personas y al banco mismo— pero, si por alguna causa esto no ocurre, él recibirá una suma igual o más grande que aquélla que perdió, y acaso de una manera totalmente imprevista.

Este mismo principio puede aplicarse igualmente a todas las dificultades, ya que la armonía universal es la Ley Verdadera de la creación. Una disputa, una querella o una equivocación de cualquier clase, deben ser tratadas de igual manera en el mismo momento en que aparecen.

> Habéis oído que fue dicho: No adulterarás:
> Mas yo os digo, que todo el que mira a una mujer deseándola, ya adulteró con ella en su corazón.
>
> (MATEO V, 27-28)

En este párrafo inolvidable, Jesús da énfasis a la Verdad Magistral, tan marcadamente fundamental, aunque ignorada de los hombres, de que lo que importa de veras es el pensamiento. Los humanos están acostumbrados desde siempre a creer que, en tanto que los actos se conformen a la ley, ya se ha hecho todo lo que razonablemente podía esperarse de ellos, y que los pensamientos y sentimientos son cosa de poca importancia, o que, por lo menos, no importan sino al individuo. Pero ahora sabemos no sólo que un acto es la consecuencia de un pensamiento, sino también que el tipo de pensamientos a los que permitamos hacerse hábito en nuestra mente irán, tarde o temprano, a expresarse en el plano de la acción. Comprendemos ahora, a la luz de la Biblia, que nuestros pensamientos son realmente actos, y que nuestra conducta depende en exclusiva de la selección mental que hagamos de nuestros pensamientos. En otras palabras, hemos aprendido que un pensamiento malo es tan destructivo como un acto malo.

La consecuencia lógica de este hecho cierto es sorprendente. Si codiciamos los bienes de un vecino somos en el fondo del corazón ladrones, aunque todavía no hayamos metido la mano en el cajón; y si continuamos guardando en la mente un pensamiento codicioso, será sólo cuestión de tiempo el que cometamos el robo. Si nos complacemos en un sentimiento de odio, somos realmente asesinos, aunque nuestras manos no se hayan movido para matar. El que aun sólo mentalmente comete adulterio, está corrompiendo su alma, a pesar de que su pensamiento nunca se exprese en el plano físico. La lujuria, el recelo, el deseo de venganza, no pueden existir en nosotros a menos que los aceptemos en el alma; y en esa aceptación reside la malignidad del pecado, aun cuando tales sentimientos no se hayan traducido todavía en actos exteriores. *"Guarda tu corazón con toda cautela, porque de él brotan manantiales de vida."* (PROV, 4, 23)

Capítulo 4

No resistáis al Mal

> *Si, pues, tu ojo derecho te escandaliza,
>   sácatelo, y arrójalo de ti, porque mejor te
>   es que perezca uno de tus miembros,
>   que no que todo tu cuerpo sea arrojado a
>   la gehenna.*
> *Y si tu mano derecha te escandaliza,
>   córtatela y arrójala de ti, porque mejor te
>   es que uno de tus miembros perezca, que
>   no que todo el cuerpo sea arrojado a la
>   gehenna.*
>
> (MATEO, V 27-31)

LA integridad del alma es la única cosa que importa. No hay otro problema que resolver ni otra necesidad que satisfacer sino ésa, porque teniéndola, se tiene todo. Y es por eso que Jesús se esfuerza constantemente en hacernos comprender la abrumadora importancia de esta verdad profunda, y en enseñarnos cómo podemos realizarla. Él insiste en que ningún sacrificio es demasiado grande si asegura la integridad del alma. Absolutamente toda cosa que la impide debe abandonarse. Cueste lo que cueste, implique lo que implique, hay que preservar la integridad del alma, porque todas las demás cosas —los pensamientos, la conducta, la salud, la prosperidad, la vida misma— dependen de ella. Mejor es sacrificar el mismo ojo derecho, dice Él, o amputar la mano derecha si fuera necesario, para que el alma pueda conseguir la claridad de comprensión, sin la cual no hay salvación alguna.

Todo lo que se oponga a nuestra comunión con Dios debe desaparecer —un pecado, un viejo rencor todavía sin perdón, la codicia de cosas materiales, cualquier cosa que sea, es necesario deshacerse de ella—. Tales cosas, sin embargo, son tan evidentes, que el transgresor no puede menos que descubrirlas. Pero hay otras, en cambio, más sutiles, como el egocentrismo, el sentirnos rectos según nuestra propia estimación, el orgullo espiritual, y demás, que son muy difíciles de percibir y exorcizar; pero hay que hacerlo. Algunas veces ocurre que el ejercicio de cierta profesión, o la compañía de ciertas personas, o el ser miembro de cierto grupo es lo que nos impide el camino. En ese caso tampoco debemos vacilar: hay que pagar el precio.

> También se ha dicho dicho: El que repudiare a su mujer, déle libelo de repudio.
> Pero yo os digo que quien repudie a su mujer —excepto el caso de fornicación— la expone al adulterio, y el que se casa con la repudiada comete adulterio.
>
> (MATEO, V 31-32)

En el tiempo en que Jesús enseñó, la ley hebraica concedía el divorcio por razones insignificantes. Los casados que no vivían armoniosamente estaban dispuestos a huir del problema obteniendo una disolución y probando fortuna con otra persona. Pero ninguna felicidad permanente puede ser obtenida de este modo. Mientras huyamos de un problema lo continuaremos encontrando bajo una nueva apariencia a cada vuelta del camino. La solución científica es hacer frente a la dificultad allí donde aparece, mediante la acción espiritual o la Oración Científica. Esto se aplica a los problemas matrimoniales tanto como a los otros, si no más aún. Como nadie es perfecto, y tanto el querellante como el delincuente tienen cada uno sus faltas, ambos deberían esforzarse, si es posible, para restablecer la armonía. Si el que se cree ofendido hace cuanto sea posible para ver en el otro la Verdad Espiritual, es casi seguro que resultará una solución feliz.

Yo podría citar varios ejemplos. Una mujer que había adoptado esa actitud mental hacia su marido, dijo después de algunos meses: "El hombre del que me iba a divorciar ha desaparecido; y el hombre con el que me casé ha vuelto. Ahora volvemos a ser completamente felices."

Si una persona cambia de una vocación a otra, o de un modo de vida a otro sin efectuar un cambio en sí misma, cada vez se encontrará más o menos en las mismas condiciones. De la misma manera, los que se divorcian fácilmente volviendo a casarse de nuevo, acaban siempre tan descontentos como empezaron. Los problemas matrimoniales, como cualquier otra clase de dificultades, deben resolverse cuando se presentan por medio de la Oración Científica.

Sin embargo, lo que un hombre o una mujer pueden soportar en el matrimonio tiene su límite, y en casos excepcionales la disolución es el mal menor; pero sólo debe recurrirse a ésta en último extremo. Sabemos que Jesús se abstuvo siempre de formular reglas a cal y canto para los detalles de nuestra conducta, persuadido de que, si obedecemos sus principios, nuestros actos se producirán en consecuencia; y podemos estar seguros de que con su manera eminentemente realista y práctica de afrontar los problemas humanos, Él habría encontrado en cada caso particular la solución sabia y misericordiosa. Fue así como, a pesar de las Escrituras, Él perdonó a la mujer adúltera y la despidió en paz, no obstante que, según la Ley de Moisés todavía vigente en aquel tiempo, ella debería haber sido apedreada. Todos aquéllos que estén en duda acerca de cómo actuar en una situación como ésta, cualesquiera que fueren las circunstancias, tienen a mano un sencillo recurso —la Oración Científica—. Deberán afirmar mentalmente que la Sabiduría Divina los está iluminando y dirigiendo en sus acciones, y evitar los pasos definitivos hasta haber encontrado en la propia conciencia la guía precisa.

Esta misma regla sirve para todas las situaciones de la vida. No acudamos precipitadamente al divorcio, o tratemos enseguida de amputar lo malo; dejemos más bién que la dificultad vaya disolviéndose hasta que desaparezca por completo en nuestra acción espiritual. Así lo hizo la mujer que dijo que el hombre con quien se casó había vuelto; y consideró que su demostracion era perfecta.

Também habéis oído que se dijo a los antiguos: No perjurarás; antes cumplirás al Señor tus juramentos. Pero yo os digo: No juréis en ninguna manera: ni por el cielo, porque es el trono de Dios;

Ni por la tierra, pues es el escabel de sus pies; ni por Jerusalén, pues es la ciudad del gran Rey.

Ni por tu cabeza jurarás tampoco, porque no está en ti volver uno de tus cabellos blanco o negro.

Sea vuestra palabra: Sí, sí; no, no; todo lo que pasa de esto, de mal procede.

(MATEO, V 23-27)

No juréis, es uno de los puntos cardinales que Jesús enseña. Quiere decir, brevemente, que no debemos hacer votos, que no debemos hipotecar el futuro de antemano. No prometer hacer o dejar de hacer algo mañana, o el año próximo, o de hoy en treinta años. Es insensato disponer hoy nuestra conducta o nuestras creencias de mañana. Es parte vital de la enseñanza de Jesús esta obligación de buscar constantemente la inspiración directa de Dios, y mantenernos siempre listos para permitir al Espíritu Santo manifestarse por medio de nosotros. Pues, si decidimos de antemano lo que vamos a hacer, o a creer, o a pensar mañana, o el año que viene o el resto de la vida, y en especial si tomamos esta decisión irrevocable por el acto solemne de un voto, ya no estamos accesibles a la acción del Paracleto, sino que por este acto le cerramos la puerta. Si queremos dejarnos guiar por la Sabiduría Divina, es absolutamente necesario que mantengamos abierta la mente, porque muy a menudo ocurre que la actitud sabia no concuerda con nuestras opiniones personales o sentimientos del momento. Si por un voto o una promesa

85

hemos comprometido nuestra alma, nuestra libertad se ha perdido; y si no somos libres, la acción del Espíritu Divino no puede efectuarse. Éste es, en efecto, ni más ni menos que el pecado contra el Espíritu Santo del que habla la Biblia; pecado que ha asombrado tanto a los corazones sensibles, y del cual existe un falso concepto general.

¿Cuál es ese pecado contra el Espíritu? Tal pecado consiste en toda acción que impida en nosotros la obra del Espíritu Santo; todo aquello que intercepte la acción vivificante y siempre renovadora de Dios, porque ese hecho es la vida espiritual misma. El castigo de este error es el estancamiento espiritual, y puesto que el único remedio, en este caso, es buscar la acción directa del Espíritu Santo y nuestro error consiste precisamente en impedir esa acción, la condición resultante de ello es un lamentable círculo vicioso. Es evidente que las cosas no pueden cambiar mientras persistamos en nuestra equivocación. De ahí que, en este sentido, el pecado se convierte en irremisible, es decir, no tiene perdón. El problema no puede resolverse de ninguna manera hasta que la víctima no esté lista para cambiar su actitud. Los síntomas de esta enfermedad son la parálisis del alma y la falta de poder para elevarse hacia la Verdad; síntomas éstos que van acompañados muchas veces de un sentimiento de superioridad moral y de orgullo espiritual.

Naturalmente, Jesús no quiere decir que no debemos comprometernos en los negocios ordinarios de la vida, tales como tomar en alquiler una casa, firmar un contrato, aceptar un socio, o tantas otras cosas. Tampoco quiere decir que el juramento ordinario exigido por los tribunales es inadmisible, porque estas cosas facilitan las transacciones entre los hombres y son correctas y necesarias en una sociedad organizada. El Sermón de la Montaña, como hemos visto, es una disertación sobre la vida espiritual, que lo dirige todo. El que comprende la enseñanza espiritual de Jesús y la pone en práctica no podrá faltar a una obligación de honor. Será un buen inquilino, un socio honrado, y un testigo digno de confianza ante los tribunales.

Muchas iglesias exigen todavía a sus ministros, en el momento de su ordenación, que prometan solemnemente que van a continuar creyendo durante el resto de su vida en las doctrinas de su secta particular, y esto ocurre en un momento de su ejercicio en que todavía son jóvenes, y sus mentes carecen de madurez. Esto es exactamente lo que Jesús quería evitar. Si un joven ora todos los días pidiendo esclarecimiento y dirección, es evidente que no seguirá guardando las mismas ideas a medida que envejezca, sino que las irá ampliando y corrigiendo continuamente. El hombre que es hoy, morirá cada día, para renacer al día siguiente más sabio y mejor.

Otros movimientos religiosos todavía exigen a sus miembros que acepten determinado libro de reglas e instrucciones destinadas a servirles de guía perpetua; pero esto resulta fatal porque impide automáticamente que se realice la acción del Espíritu Divino. En lo que a esto respecta, ciertas iglesias organizadas recientemente están tan faltas de sabiduría como las antiguas. Cada persona debe, en cada momento, ser libre de dirigir los asuntos de su alma según la inspiración recibida del Altísimo. Orar o dejar de orar, hacerlo de esta manera o de otra, leer o no ciertos libros, asistir o no a la iglesia —todo esto no puede planearse arbitrariamente de antemano, sino que debe decidirse según la urgencia espiritual del momento.

En este mismo espíritu fatal, algunos directores espirituales prohíben a sus discípulos que lean otros libros religiosos que no sean los de su propia iglesia. Éste es un crimen contra la vida misma del alma, y resulta tan espantoso que no hay palabras para calificarlo.

En general, este mandamiento contra las reglas a cal y canto se aplica sobre todo a nuestras oraciones. Muchas personas se han fabricado moldes rígidos para la expresión de sus oraciones, pero de esa rigidez resulta infaliblemente, tarde o temprano, la destrucción de la vida espiritual. Unos dicen: "Siempre comienzo con la plegaria del Señor" o con cierto Salmo o alguna otra cosa. Todo esto debe evitarse, porque siempre conviene orar según la inspiración del momento, guiados por la acción del Espíritu Santo. Es la oración espontánea, el pensamiento que se produce en el momento mismo, lo que tiene la eficacia suficiente. Un pensamiento que se nos da de esta manera tiene diez veces más poder que uno que pudiéramos seleccionar de antemano. Recordemos, sin embargo, que sólo las reglas inflexibles deben evitarse. Es bueno tener algunos modelos de oraciones que podrán ser usadas cuando no se presente algo mejor; y a la mayoría de los principiantes tal cosa les será necesaria por algún tiempo. Lo que importa es estar siempre dispuesto a abandonar la regla para escuchar al Espíritu. Algunas veces se llega a un extremo en que las oraciones parecen no tener resultado. Esto se debe con frecuencia a que la forma reglamentada de la oración la ha convertido en una cosa maquinal. En tal caso, es necesario buscar a tientas alguna inspiración, dejarse guiar por el primer pensamiento que llegue, o bien tratar de descubrir la inspiración abriendo la Biblia a la ventura.

Este pasaje del Sermón nos enseña, además, que no debemos empeñarnos en señalar nosotros mismos determinadas condiciones o circunstancias, o soluciones particulares a nuestros problemas. Cuando tengamos que enfrentarnos a alguna dificultad debemos pedir espiritualmente la armonía y la libertad, pero no tratar de determinar la solución exacta que haya de acontecer, o decidir el curso exacto que vayan a seguir las cosas. Si uno se resuelve de antemano a obtener una cosa particular, podrá, si tiene cierto tipo de mentalidad, lograrla; pero de ese ejercicio del libre albedrío resulta, casi infaliblemente, una serie de complicaciones. La persona obtendrá lo que deseaba, pero luego lo lamentará profundamente.

Sí, sí; no, no, representan lo que llamamos en la Oración Científica la Afirmación y la Negación, respectivamente. Éstas son la Afirmación de Verdad y Armonía y la Omnipresencia de Dios en la Realidad; y la negación de cualquier poder en el error y la limitación.

> Habéis oído que se dijo: Ojo por ojo, y diente por diente.
>
> Pero yo os digo: No resistáis al mal, y si alguno te abofetea en la mejilla derecha, dale también la otra;
>
> Y al que quiera litigar contigo y quitarte la túnica, déjale también en manto, y si alguno te requisara para una milla, vete con él dos.
>
> Da a quien te pida y no vuelvas la espalda a quien desea de ti algo prestado
>
> (Mateo V, 38-42)

Jesús es el más revolucionario de todos los maestros. Él vuelve las cosas de arriba abajo para los que aceptan su enseñanza. Una vez que se acoge su mensaje, todo cambia de aspecto; nada vuelve a ser como era antes. Todos los valores humanos se transforman de manera radical. Aquellas cosas en las cuales consumíamos caudales de energía y de tiempo, parecen luego no valer en absoluto la pena de poseerse, mientras que otras que pasábamos por alto llegan a ser las únicas que nos importan. Comparados con Jesús, el resto de los revolucionarios y reformadores de la historia no han hecho más que escarbar en la superficie —arreglando un poco los detalles externos y de menor importancia—. En cambio Jesús ahondó hasta la raíz misma de las cosas.

La Vieja Ley, destinada a mantener cierto grado de orden, por rudimentario y sencillo que fuese, entre un pueblo bárbaro —porque cualquier ley es siempre mejor que la anarquía— se había basado en la conocida frase: ojo por ojo y diente por diente. Cualquier daño que un hombre hiciese a otro, tendría que sufrirlo en sí mismo por vía de castigo. Si mataba a otro, la ley lo mataba a él. Si le sacaba un ojo a otro hombre los oficiales de la justicia le sacaban el suyo propio. En la medida en que él dañara o perjudicara a otro, estaba condenado a recibir en sí mismo idéntico castigo. Y sin embargo, un código así era mejor que ninguno, y acaso no fue malo como comienzo. Para gente bárbara, incapaz de apreciar la idea abstracta de la justicia y de ver más allá de la pasión momentánea, sin imaginación para darse cuenta de un castigo que no era obvio esto sirvió, sin duda alguna, en la mayoría de los casos, de freno eficaz a los instintos primitivos. Luego, a medida que pasó el tiempo y la barbarie se fue convirtiendo en civilización, la misma opinión pública se fue encargando de modificar paulatinamente este código primitivo hasta hacerse menos rudo y brutal de lo que había sido hasta entonces.

Tal fue el caso en lo que a la justicia pública se refiere. En la vida privada, no obstante, el viejo código continuó imperando en los corazones y en las mentes,aunque ya sin traducirse en actos de extrema violencia; y no es exagerado decir que su influencia ha subsistido hasta la hora presente. El deseo de venganza, de recobrar lo propio, de traer las cosas a su nivel de una manera u otra cuando nos han lastimado o hemos sufrido una injusticia o hemos sido testigos de cosas que no aprobamos, subsiste todavía en nosotros —y seguirá subsistiendo a menos que lo destruyamos deliberadamente—. "La venganza", dijo Bacon, "es una clase de justicia salvaje", y el hombre natural, con su instintiva sed de justicia (porque la verdadera justicia es parte de la Divina Armonía, y los hombres en cada etapa de su desarrollo parecen tener un destello intuitivo de esa Armonía Espiritual y Divina que se esconde tras todas las apariencias) siente que el camino más exitoso para restablecer el roto equilibrio de la justicia, no es otro que pagar con la misma moneda.

Pero éste es precisamente el error fatal que se encuentra en la raíz de toda discordia, pública o privada, en este mundo. Es la causa directa de las guerras internacionales, de las discusiones en familia y de las querellas personales y, como veremos en el estudio científico de la Biblia, es también la causa de muchas, si no de la mayor parte, de nuestras enfermedades y otras miserias que acaecen en la vida del hombre. Pero he aquí que Jesús siempre nos expone el reverso de esta situación, es decir, que si alguien nos hace daño, en lugar de buscar venganza o de pagarle con la misma moneda, debemos perdonarle y dejarle ir en paz. No importa cuál sea la provocación ni cuántas veces se haya repetido; hemos de proceder de esa manera. Conviene liberarle y dejarle ir en paz, porque solamente así conseguiremos liberarnos a nosotros mismos, y de este modo podremos conservar la integridad de nuestra alma. Devolver mal por mal, responder a la violencia con la violencia y al odio con el odio, es entrar en un círculo vicioso en el que se consumirá nuestra vida y también la de nuestro hermano.

"El odio no cesa con el odio", dijo la Luz de Asia, enunciando con muchos siglos de anterioridad esta gran Verdad Cósmica; y Jesús, la Luz del Mundo, la puso en primer lugar en su enseñanza, porque es la piedra angular de la salvación.

Esta doctrina de la "no-resistencia al mal" es el gran secreto metafísico. Al mundo profano que no lo puede comprender, esta rendición completa al agresor le parece un suicidio moral; sin embargo, a la luz revelada en Jesucristo, adquiere un aspecto nuevo, y vemos que en realidad constituye una estrategia espiritual admirable. Cuando consideramos con hostilidad una situación, le damos el poder de gobernarnos; cuando no le ofrecemos resistencia, la privamos del poder y el prestigio.

Como hemos visto, Jesús es el Supremo Metafísico, y Él mismo se interesa solamente por los estados de conciencia, los pensamientos y las creencias que adoptan los hombres, porque éstas son las cosas que importan, las cosas en las que residen las fuerzas causales. Él no da instrucción alguna en lo referente a los detalles de la conducta o las acciones exteriores; y cuando habla de los procedimientos de la justicia, de la ropa y del manto, de prestar o pedir prestado y de volver la otra mejilla, está sirviéndose de símbolos para describir estados mentales, y estas palabras no deben interpretarse en un sentido literal. Esto no representa un intento de evadirse o de evitar comentar un texto difícil. Nunca recordaremos demasiado que si nuestro pensamiento es justo, nuestra conducta no puede ser mala; y por otra parte, toda acción motivada por causas exteriores puede ser mala o buena, porque no hay reglas generales adecuadas para una conducta recta. Ningún maestro puede decir que determinada acción será justa en cualquier tiempo, porque el juego de circunstancias de la vida es demasiado complicado para una predicción tal. Cualquier persona con la más ligera experiencia del mundo sabe, por ejemplo, que prestar dinero sin discriminación a cuantos lo pidan no es siempre un acto sabio —muchas veces incluso injusto para uno mismo y para los que de uno dependen, y en muchos casos hasta al que recibe el dinero prestado le resulta un mal en lugar de un bien—. Notemos que Jesús mismo, cuando le golpearon en casa de Pilato, hizo frente con dignidad solemne a sus agresores. La exhortación de volver la otra mejilla no tiene más que un valor simbólico. Se refiere a lo que debemos hacer con los pensamientos cuando estamos en presencia del error, y simboliza el acto de oponerle al error, no otro error, sino la Verdad, lo cual funciona generalmente como por arte de magia.

Cuando alguien esté comportándose mal a nuestros ojos, si en vez de pensar en la falta cometida apartamos la atención de lo humano para fijarla en lo Divino o en la Realidad Espiritual de la persona en cuestión, veremos cómo su conducta cambiará de forma inmediata. Éste es el secreto para tratar con personas de carácter difícil, y Jesús había comprendido esto profundamente Si los que nos rodean se molestan, no tenemos más que cambiar deliberadamente nuestro pensamiento respecto a ellos, y enseguida cambiarán ellos también. Tal es la verdadera venganza. Este procedimiento ha sido probado miles, acaso millones, de veces; y nunca falla si se aplica de buena fe. A veces es hasta divertido verlo funcionar como un mecanismo. Si alguien entra de mal talante en nuestra casa, en la oficina o en la tienda donde estamos, no le contrarrestemos agresivamente ni pensemos en huir de la dificultad; todo lo contrario. Fijémonos en la Armonía Divina, y nos complaceremos al ver cómo la ira desaparece de su semblante y se sustituye por otra expresión. Sus facciones sin duda revelarán el cambio progresivo que tiene lugar en el corazón. Tal vez puede que al principio nos sea más fácil llevar a cabo el "tratamiento" sin mirar directamente al sujeto, pero cuando tengamos práctica nos será posible ver a través de él la Verdad Espiritual.

Una mujer se incomodó oyendo a dos hombres que trabajaban debajo de su ventana y que, ignorando su proximidad, se expresaban de una manera grosera. Por un momento la ira y el desprecio se levantaron en ella pero, recordando este mandamiento, enseguida concentró su atención en la Presencia Divina en cada uno de los hombres —presencia que duerme en el fondo del corazón de todo ser humano— y (hablando en términos religiosos modernos) saludó mentalmente al Cristo que había en ellos. Al instante cesó el lenguaje vulgar. Ella dijo que fue como si la conversación se hubiera cortado con un cuchillo. Probablemente ella se dio cuenta de una forma tan intensa de la Verdad y, en ese caso, los dos hombres recibieron una sustancial elevación, un levantamiento espiritual, y acaso quedaron del todo curados de su vulgaridad oral.

Todos los que han tenido alguna experiencia en estas aplicaciones prácticas de la Verdad podrían citar numerosos ejemplos en los que se ha restablecido la armonía por este método sencillo de Jesús. Los animales responden aún más fácilmente a este tratamiento que los seres humanos. Recuerdo dos ocasiones en que unos perros luchaban con tal ferocidad entre ellos que todos los esfuerzos para separarlos habían resultado inútiles, cuando la visión mental del Amor Divino en todas las criaturas bastó para restablecer la paz. En uno de estos casos el efecto tomó varios minutos; en el otro fue prácticamente instantáneo.

Algunas veces ocurre que uno se encuentra en un grupo donde la conversación tiende a ser muy negativa. Se habla de enfermedades o desgracias de toda índole, describiéndolas detalladamente, o se critica sin piedad a los ausentes. Por una u otra razón puede sernos difícil abandonar la reunión; en tal caso, nuestro deber es claro: debemos mentalmente "volver la otra mejilla", y ayudar así tanto a los que hablan como a sus víctimas "Déjale también la capa" y "vete con él dos millas", son dos expresiones dramáticas que subrayan aún más el principio de no ofrecer resistencia mental a las condiciones aparentes del mal. Simpaticemos con la actitud del prójimo tanto como sea posible, concedamos cada punto que no sea absolutamente esencial, y redimamos el resto con la Verdad de Cristo. Nunca nos rindamos al error, por supuesto; pero es al pecado y no al pecador a quien debemos condenar.

> Habéis oído que fue dicho: Amarás a tu prójimo y aborrecerás a tu enemigo.
>
> Pero yo os digo: Amad a vuestros enemigos y orad por los que os persiguen para que seáis hijos de vuestro Padre que está en los cielos: Él hace salir el sol sobre malos y buenos y llueve sobre justos e injustos.
>
> Pues, si amáis a los que os aman, ¿qué recompensa tendréis? ¿No hacen esto también los publicanos?
>
> Y si saludáis solamente a vuestros hermanos, ¿qué hacéis de más? ¿No hacen esto también los gentiles?
>
> (MATEO V, 43-48)

Amad a vuestros enemigos, bendecid a los que os maldicen, haced bien a los que os aborrecen, y orad por los que os ultrajan y os persiguen. "El odio no cesa con más odio", he aquí el mismo tema otra vez; pero ahora Jesús presenta esta verdad fundamental de una manera tan clara y sencilla que hasta un niño de corta edad puede entenderla. En lugar de odiar al que parece ser nuestro enemigo, como el instinto primitivo nos incita a hacer, debemos amarle. A las maldiciones debemos responder con bendiciones; al odio, con bondad. Debemos orar en especial por aquéllos que llevan las cosas hasta el extremo de perseguirnos. Jesús nos lo dice de una manera plena y directa, y a fin de ser comprendido por todos, hasta por los más sencillos; añade: "Si al amor respondéis con amor, ¿qué recompensa tendréis?" Nada seguramente, porque cualquiera haría otro tanto. Para adelantar en los caminos del espíritu hay que hacer mucho más. Hay que deshacerse de la hostilidad y del resentimiento; hay que cambiar el estado mental hasta ser consciente sólo de la armonía y la paz interiores, y mantener un sentimiento de buena voluntad hacia todos.

Este sistema no solamente es el más práctico, sino que, por razones que forman la base del Sermón de la Montaña, es el único con el cual se puede hacer algún progreso. La misma salud física, por ejemplo, es un bien del cual no podemos gozar indefinidamente si no guardamos sentimientos de misericordia y de buena voluntad hacia los demás; y aun nuestra prosperidad material desaparecerá un día si nuestra alma no se ha purificado de la hostilidad y la condenación. En efecto, tal libertad es requisito sin el cual es imposible progreso alguno, y todos los que tengan sentido espiritual reconocerán fácilmente esto cuando les toque a ellos. Todo aquél que llega a ser consciente del significado de la Idea Espiritual encuentra que estos versículos constituyen una lección maravillosa para la práctica del tratamiento espiritual o la Oración Científica. La Idea Espiritual es la comprensión del hecho fundamental de la permanencia, la omnipresencia y la omnipotencia del Bien; y la comprensión de que el mal es una ilusión transitoria, sin base ni carácter propio, que es destruido por la Oración Científica. De ahí que, lo que podemos llamar el secreto del tratamiento espiritual, no reside en luchar contra el error, porque eso sólo le da más vida y poder, sino en destruirlo, negándole precisamente esa energía de creer en él, que es lo que hace que tome cuerpo. La única existencia que posee es la que nosotros le damos animándolo temporalmente con nuestros pensamientos. Quitémoselos, y se esfumará en la nada. Nosotros hemos pensado el error en la existencia, conscientemente o, con muchas más frecuencia, inconscientemente, y así le damos vida. Está en nuestro poder quitarle esa vida. Dejemos de pensarlo. Es siempre nuestro pensamiento lo que importa. En realidad, como dice Shakespeare: "No hay nada del todo bueno o malo, sino que es el pensamiento el que hace que lo parezca." Así pues, el temor, el odio y el resentimiento son ideas cargadas de emoción, y cuando las añadimos a cualquier dificultad no hacemos sino inyectarle nueva y vigorosa energía haciéndola aún más difícil de vencer. Es más, el mero repaso mental de cualquier dificultad le infunde nueva vida. Volver sobre pasados agravios, pensar cuán injustamente nos trató alguien en cierta ocasión, recordando los detalles, por ejemplo, tiene como efecto el vivificar aquello que estaba muriendo lentamente por abandono.

Cualquiera que sea la dificultad que se nos presenta de improviso, es la acogida mental que le brindamos, la actitud que adoptamos hacia ella, lo que determina completamente el efecto que producirá en nosotros. Esto es lo que importa. No las personas, o las cosas, o las circunstancias en sí, sino los pensamientos y la posición mental que observamos hacia ellas. No es la conducta de otros lo que nos mejora o nos frustra, sino nuestros propios pensamientos. Escribimos la historia futura de nuestra vida con nuestros pensamientos de hoy. Somos nosotros mismos los que construimos nuestro destino día a día, por el modo como reaccionamos a las circunstancias que se nos presentan. Reaccionar correctamente es el arte supremo de la vida, y Jesús condensó el secreto de ese arte en unas palabras: *No resistáis al mal.*

No resistir al mal: he aquí el principio que, referido a su sentido espiritual, constituye el gran secreto del éxito. Nos permite salir de la tierra de Egipto y de la Casa de Servidumbre, regenerar el cuerpo, liberar el alma, y en verdad rehacer la vida de arriba abajo. Tan pronto como resistamos mentalmente una circunstancia desagradable, o inesperada, le damos por esa resistencia un poder que se volverá contra nosotros, y en igual medida reducimos nuestros propios recursos. Cualquiera que sea la dificultad con la que nos enfrentemos —ya se refiera a la salud, a los bienes materiales, a los negocios o a los sentimientos personales— no nos lancemos contra ella mentalmente, como es la costumbre general, ni nos plantemos obstinadamente en medio del camino exclamando: "¡No conseguirás lo que pretendes!" Obedezcamos la ley de Jesús, y no resistamos al mal. Abstengámonos de contrarrestarla mentalmente, así como de alimentarla con nuestra propia esencia. Busquemos mentalmente, a tientas, la Presencia de Dios, como buscaríamos algún apoyo si de repente nos encontráramos metidos en un cuarto oscuro. Fijemos nuestro pensamiento firmemente en esa Presencia que está con nosotros, y que está también en la persona o en el lugar en que el mal se ha presentado; en otras palabras "ofrezcamos la otra mejilla". Si así lo hacemos, la situación desfavorable y el malestar provocado por la misma, desaparecerán en la nada, de donde vinieron, y nos dejarán libres. En esto consiste el verdadero método espiritual de amar a nuestros enemigos.

El amor es Dios, y es, por consiguiente, todopoderoso. Tal es la aplicación científica del amor, al cual ningún mal puede resistir. El amor destruye las condiciones del mal, y si se refiere a una persona, la libera a ella tanto como a nosotros. Pero responder al odio con el odio, a la maldición con la maldición, al temor con la agresión, no hace más que aumentar la dificultad, igual que un sonido débil es multiplicado por el amplificador.

Devolver amor por odio a la manera científica es seguir el camino real de la liberación trazado por Jesucristo. Éste es el método perfecto de protegernos ante cualquier circunstancia y por medio del cual nos hacemos invulnerables.

Si alguien nos trata con odio no nos enfademos; no resistamos al mal. Veamos en el enemigo la Presencia Divina y todo marchará bien. Él cesará de molestarnos, cambiando su actitud hacia nosotros, o desaparecerá por completo de nuestra vida, sacando provecho de nuestro pensamiento. Si recibimos malas noticias, no las resistamos mentalmente; seamos conscientes de la naturaleza inmutable y la armonía infinita del Bien, siempre a nuestro alcance en cada momento de nuestra existencia, y todo se arreglará. Si estamos descontentos en nuestro trabajo, o en casa, no resistamos estas condiciones mentalmente.

Tampoco nos quejemos ni nos compadezcamos a nosotros mismos. Tales cosas no harán sino fortalecer esa particular materialización del error; no resistáis al mal. Busquemos a tientas la Presencia del Espíritu Divino en derredor nuestro; afirmemos su realidad en todas las cosas; proclamemos que tenemos dominio sobre toda circunstancia, cuando decimos la Palabra en nombre de Yo Soy El que Soy, y pronto nos veremos libres.

Además, amar a los enemigos según este método científico es también el secreto de la salud física, que es imposible de alcanzar si no se posee ese amor. Tal secreto se basa en la realización de la Vida Divina y del Amor Divino. Todo mejoramiento físico sigue al descubrimiento de este secreto; no lo precede. Hoy día se habla mucho de la influencia de las glándulas en el organismo, pero las glándulas mismas son gobernadas enteramente por nuestras emociones. Por lo tanto, si queremos asegurarnos de que funcionan a la perfección es preciso cultivar sentimientos generosos, inclusive en la mente subconsciente, lo cual sólo puede conseguirse mediante el tratamiento u Oración Científica.

> Sed, pues, perfectos, como perfecto es vuestro Padre celestial.
>
> (MATEO, V 48)

Este mandamiento de Jesús es una de las cosas más tremendas que aparecen en toda la Biblia. Meditemos Sus palabras. Él nos manda que seamos perfectos como Dios mismo es perfecto; y, como sabemos que Él no ordenaría lo imposible, vemos cómo Él afirma aquí la doctrina de que es posible que el hombre pueda llegar a ser divinamente perfecto. Pero aún es más: Jesús lo propone como algo que tenemos que efectuar. De aquí se desprende, por tanto, que el hombre no puede ser ese hijo del pecado, desheredado y sin esperanza, que tan a menudo nos ha presentado la teología, sino que es de linaje divino —hijo del Padre que está en los Cielos— y en consecuencia potencialmente divino y perfecto.

Ahora bien, si en verdad somos hijos de Dios, capaces de expresar la perfección divina, no puede existir ningún poder verdadero en el mal o en el pecado que nos pueda mantener permanentemente esclavizados. Es decir, usando el método correcto, será sólo cuestión de tiempo el que alcancemos nuestra verdadera salvación espiritual; por lo tanto, no vacilemos más antes de emprender la marcha hacia arriba. Es preciso que, en este mismo momento, si todavía no lo hemos hecho, nos levantemos como el hijo pródigo de entre los desperdicios de la materialidad y la limitación y, confiándonos a las promesas de Jesús, exclamemos: "Me levantaré e iré hacia mi Padre".

Los que se sientan desanimados por un sentimiento de indignidad y de falta de comprensión propias, y se crean a sí mismos muy lejos del camino, deberán recordar que todos los Grandes Maestros Espirituales han convenido en una frase que viene a recordar: "Para alcanzar el reino de los cielos hay que pasar por la tormenta."

Capítulo 5

Tesoro en los Cielos

*Estad atentos a no hacer vuestra justicia
delante de los hombres para que os vean;
de otra manera no tendréis recompensa
de vuestro Padre que está en los cielos.
Cuando hagas, pues, limosna, no vayas
tocando la tronpeta delante de ti, como
hacen los hipócritas en las sinagogas y en
las calles, para ser alabados de los
hombres: en verdad os digo que ya
recibieron su recompensa.
Cuando des limosna, no sepa tu izquierda lo
que hace la derecha, para que tu limosna
sea oculta, y el Padre que ve en lo oculto
te premiará.
Y cuando oréis no seáis como los hipócritas,
que gustan de orar en pie en las
sinagogas, y en los ángulos de las plazas,
para ser vistos de los hombres; en verdad
os digo, que ya recibieron su recompensa.
Tú, cuando ores, entra en tu cámara, y,
cerrada la puerta, ora a tu Padre que*

está en lo secreto; y tu Padre que ve en lo
escondido te recompensará.
Y orando, no seáis habladores como los
gentiles, que piensan ser escuchados por
su mucho hablar.
No os asemejéis, pues, a ellos; porque vuestro
Padre conoce las cosas de las que tenéis
necesidad, antes que se las pidáis.

(MATEO VI, 1-4)

LA esencia de esta parte del Sermón está contenida en los versos 6 y 7, especialmente el mandamiento que dice: "Ora a tu Padre que está en lo secreto; y
tu Padre que ve en lo secreto, te recompensará." La
doctrina del "Lugar Secreto" y su importancia como
centro de control del Reino es el factor esencial de lo
que Jesucristo enseña.

El hombre es el soberano de un reino, aunque en
la mayoría de los casos no lo sabe. Ese reino no es
otro que el mundo de su propia vida y experiencia.
El Antiguo Testamento abunda en historias de reyes
y de reinos; de reyes sabios y de reyes necios; de
reyes buenos y de reyes malos; de reyes victoriosos
y de reyes vencidos; de reinos que surgen y de su
decadencia, debido a toda suerte de causas. Jesús,
expresándose en parábolas, se sirve a menudo de la
misma idea y de los mismos símiles. "Había un gran
rey...", comienza Él muchas veces. Pues cada uno de
estos reyes es, en verdad, cada uno de nosotros, según los distintos aspectos en que nuestros diversos
estados del alma nos presentan. La Biblia es el libro
de cada hombre. Sobre todo es un manual de metafísica, un manual para el desarrollo del alma, y toda

ella, desde el Génesis al Apocalipsis, se ocupa de ese desarrollo, de ese despertar del individuo. Todos nuestros problemas se estudian en ella desde todos los ángulos posibles, y las lecciones fundamentales de la Verdad Espiritual se presentan de la manera más variada, para responder a todas las condiciones, a todas las necesidades y a casi todas las disposiciones de ánimo de la naturaleza humana. Unas veces somos un rey, otras un pescador, un jardinero, un tejedor, un alfarero, un comerciante, un sacerdote, un capitán o un mendigo.

En el Sermón de la Montaña el hombre es rey; es el soberano absoluto de su propio reino. Y esto no es meramente una figura retórica, porque cuando realizamos en nosotros la Verdad Espiritual, llegamos a ser, literalmente hablando, monarcas absolutos de nuestras propias vidas. Creamos nuestras propias condiciones y podemos destruirlas. Creamos o destruimos nuestra propia salud; atraemos a cierta clase de personas o circunstancias y rechazamos otras; atraemos la riqueza o la pobreza, la serenidad o el temor, y todo según la manera como gobernamos nuestro reino. Desde luego, el mundo ignora esto. La mayoría de los hombres creen que lo que les pasa depende principalmente de las personas y circunstancias que les rodean. Creen que estamos siempre expuestos a accidentes de todas clases, a acontecimientos imprevistos que pueden cambiar, y aun destruir todos nuestros proyectos. Pero la Verdad del Ser es precisamente lo contrario de todo eso y, como la humanidad ha aceptado en general la interpretación falsa, no podemos extrañarnos de que la historia esté llena de toda suerte de calamidades, sufrimientos y errores innumerables.

El empeño por dirigir cualquier negocio basándonos en falsos principios, sólo puede traer como consecuencia la desgracia y la confusión, así como el persistir en razonar usando premisas erróneas —y naturalmente eso es lo que ha sucedido—. El hombre ha sufrido porque se ha engañado acerca de la naturaleza de la vida y de la suya propia, y es por eso que Jesús —el Salvador del Mundo— dijo: "Conoce la Verdad, y la Verdad te hará libre." Y por eso también pasó Él los años de su vida pública enseñando esa Verdad, hablando de las relaciones entre Dios y el hombre, y explicando cómo se debe vivir.

Si es verdad —como indudablemente lo es— que nuestras desgracias nacen de nuestros pensamientos erróneos, presentes y pasados, se puede preguntar, considerando el sublime grado de conciencia logrado por Jesús: ¿Por qué tuvo Él que enfrentarse de vez en cuando con tantas dificultades, y, sobre todo, por qué esa terrible lucha con el miedo en Getsemaní, y su muerte en la cruz?

La respuesta es que el caso de Jesús es del todo excepcional, porque Él sufrió, no por algún pensamiento erróneo suyo, sino por los nuestros. Gracias a su alto nivel de comprensión, habría podido abandonar la vida tranquilamente, sin sufrimiento alguno, como Moisés y Elías lo hicieron antes. Pero fue Él quien deliberadamente escogió emprender su terrible tarea para ayudar a la humanidad; por lo cual bien merecido tiene el título de Salvador del Mundo.

Consideremos ahora nuestro reino más detalladamente, y encontraremos que el Palacio del Rey, las oficinas del gobierno, por decirlo así, son nada menos que nuestra conciencia, nuestra propia mentalidad. Éste es nuestro gabinete particular donde se tratan nuestros asuntos, que son el torbellino de pensamientos que atraviesan continuamente nuestra mente. Es lo que el salmista llama el "Lugar Secreto del Reino" y es secreto porque nadie más que nosotros sabe lo que pasa en él. Es un recinto privado bajo nuestro dominio exclusivo. Allí podemos guardar los pensamientos que queramos; también podemos escoger unos y rechazar otros; y en ese lugar somos soberanos. Cualquier pensamiento que elijamos para fijarnos en él tendrá, tarde o temprano, su realización —en cosas o en hechos— en el mundo exterior; de ahí nuestra responsabilidad. Habiendo alimentado ciertas ideas, no tenemos poder para cambiar sus consecuencias. Nuestra libertad consiste en la facultad de elegir nuestros pensamientos. Si no deseamos tener ciertas consecuencias desagradables, vale más que nos abstengamos de los pensamientos que las engendran. Si queremos evitar que una máquina se ponga en marcha, no abriremos la válvula; si queremos evitar que un timbre suene, no tocaremos el botón. Por consiguiente, si realmente entendemos lo que implica este principio fundamental, haremos bien en ser de ahora en adelante muy cuidadosos con nuestro pensar.

Si entendemos que los pensamientos de hoy determinan los hechos de mañana; que nuestra salud y nuestros negocios —es decir, todo lo que nos importa— dependen de lo que pasa en la conciencia, seleccionaremos nuestros pensamientos (nuestro alimento espiritual) con el mismo cuidado con que escogemos nuestro alimento físico. No olvidemos nunca que la idea que hoy se fija en la mente, va a traducirse mañana en un hecho correspondiente, no necesariamente idéntico a nuestro pensamiento, pero siempre de la misma naturaleza. Por ejemplo, si pensamos mucho en las enfermedades, estamos minando nuestra salud; si pensamos mucho en la pobreza y la depresión en el mundo de los negocios, estamos arriesgándonos a atraer a nuestra propia vida la pobreza; y si pensamos en las desgracias, las discordias y los actos deshonrosos, estamos atrayéndonos estos males. Lo que realmente ocurre, consecuencia lógica de nuestras reflexiones, es rara vez la reproducción exacta de una sucesión de pensamientos en particular. Es más bien el resultado de la acción combinada de esa sucesión de pensamientos y nuestra actitud mental general.

El pensar en la enfermedad sólo es uno de los dos factores que la producen, y generalmente es el menos importante. El otro factor, más importante, es alimentar emociones negativas o destructivas, hecho que, al parecer, es muy poco comprendido, incluso por los estudiantes de metafísica. Sin embargo, es tan importante que nunca se insistirá demasiado en el hecho de que la mayoría de las enfermedades son producidas por emociones destructivas. Nunca se repetirá lo bastante que la ira, el resentimiento, los celos, el rencor, etc., son perjudiciales para la salud, y muy aptos para dañarla seriamente. La cuestión no estriba en si tales sentimientos pueden o no justificarse Ello no tiene nada que ver con los resultados, ya que se trata de las consecuencias de una ley natural.

Supongamos que alguien dice: "Tengo derecho a enfadarme" afirmando así que ha sido víctima de un trato injusto y que, por lo tanto, posee como un permiso especial para alimentar sentimientos de ira sin que su cuerpo reciba las consecuencias naturales. Esto es, por supuesto, absurdo. No hay nadie que pueda conceder tal permiso, y si ello pudiera ser —admitiendo que en circunstancias especiales una ley general pudiera echarse a un lado— tendríamos entonces, no un universo, sino un caos. Si oprimimos el botón, sea con una intención buena o mala, bien para salvarle la vida a un hombre o bien para quitársela, el timbre eléctrico sonará, porque tal es la ley de la electricidad. Si inadvertidamente bebemos un veneno letal, moriremos o, por lo menos, nuestro cuerpo sufrirá daños, porque tal es la ley. Aun cuando creamos beber un líquido inofensivo, no se cambiará el resultado de nuestro acto, porque la ley no hace caso de la intención. Por la misma razón, el permitirse guardar emociones negativas es una invitación a la desgracia —primero, a las que atañen a nuestra salud física, y después, toda clase de molestias, aun cuando estimemos que estas emociones negativas están enteramente justificadas.

Una vez encontré un viejo sermón pronunciado en Londres durante la Revolución francesa. El autor, que tenía una visión extremadamente superficial del Evangelio decía, refiriéndose al Sermón de la Montaña: "Naturalmente, es justificable odiar a ese archicarnicero Robespierre y execrar al asesino de Bristol". Esta sentencia ilustra perfectamente la falacia que hemos estado considerando. Alentar el odio es atraerse *ipso facto* desagradables consecuencias y, en cuanto a nosotros se refiere, no importa el nombre al que vaya vinculada la emoción: "Robespierre o Fulano, o Zutano, o Mengano. La cuestión de si Robespierre era, en efecto, un angel de la luz o de las tinieblas no tiene nada que ver con lo que nos ocupa.

Permitir que la emoción del odio nos domine —aun cuando creamos que la persona en cuestión bien lo merece— equivale infaliblemente a atraer la desgracia sobre nosotros, en proporción a la intensidad de la emoción y al tiempo que se haya dedicado a ella. Ningún estudioso de la Biblia considerará jamás que el odio o la execración puedan justificarse en circunstancia alguna; pero sea cual fuere nuestra opinión personal al respecto, las consecuencias prácticas son las mismas. Pensar otra cosa sería tan tonto como el beber dos tragos de ácido prúsico. Sabemos perfectamente las consecuencias del veneno.

Es muy significativo el hecho de que Jesús haya llamado a nuestra conciencia el "Lugar Secreto". Él desea, como siempre, imprimir en nosotros la verdad de que lo interior es la causa de lo exterior, y no es éste lo que determina las condiciones de aquél. Ni puede nunca un hecho exterior ser la causa de otro hecho exterior. Causa y efecto actúan de dentro hacia fuera. Esta ley absoluta es fácil de comprender en teoría, una vez que se ha enunciado claramente; sin embargo, en el torbellino de la vida diaria, es muy difícil no perderla de vista. Estamos constituidos de tal manera que nuestra atención sólo puede concentrarse en una sola cosa a un tiempo, y cuando no estamos deliberadamente atendiendo a la observancia de esta ley, cuando el interés de lo que hacemos o decimos monopoliza nuestra atención, es evidente que nuestros hábitos ya formados van a determinar la índole de nuestros pensamientos. Olvidamos constantemente la obediencia a esa ley absoluta en la práctica, hasta que no nos hayamos ejercitado en su cumplimiento con el más riguroso cuidado. Mientras tanto, siempre que dejemos de cumplirla, aunque fuere por causa de olvido, estaremos expuestos a sufrir el castigo.

110

De ahí se desprende que nada merece la pena ni tiene verdadero valor, a menos que signifique un cambio de orientación en el Lugar Secreto. Pensad rectamente, y tarde o temprano todo cambiará alrededor en favor vuestro. Pero si nos conformamos con un cambio meramente externo sin cambiar también nuestros pensamientos y sentimientos, no solamente malgastaremos nuestro tiempo, sino que podemos adormecernos con facilidad en un falso sentido de seguridad y, sin darnos cuenta, caer en el pecado de la hipocresía.

Desde tiempo inmemorial la humanidad ha mantenido la insensata ilusión de que los hechos exteriores, tan fáciles de captar, pueden sustituir a un cambio interior de pensamientos y emociones, lo cual es de por sí tan difícil. Es muy fácil comprar y llevar vestidos ceremoniales, repetir a ciertas horas rezos aprendidos de memoria, practicar devociones estereotipadas, asistir a servicios religiosos en períodos determinados y, sin embargo, dejar sin cambio alguno el corazón. Para atar la filacteria necesitaban los fariseos solamente un momento; pero la limpieza del corazón requiere años de oración diligente y de disciplina mental.

Hace unos años decía un cuáquero eminente: "En mi juventud nosotros abandonamos el vestido distintivo de los cuáqueros y algunas otras costumbres. Nos dimos cuenta de que personas que no cuidaban de seguir nuestros ideales cuáqueros, se unían a nosotros con el fin de dar a sus hijos una educación a bajo costo y otras ventajas. Les era fácil declararse miembros de nuestra Sociedad de Amigos, comprar y llevar un abrigo sin botones ni cuello e intercalar en la conversación algunas particularidades gramaticales, mientras no obraban cambio alguno en su carácter."

Los cuáqueros no son los únicos que han tenido que hacer frente a este problema. Este peligro fue también la roca contra la cual se estrelló el puritanismo. Los puritanos llegaron al final a insistir en un cumplimiento exterior con toda clase de prácticas que no eran esenciales y castigaban severamente toda infracción de este código estricto. Regulaban los detalles más nimios de la vida. Cierta manera de hablar, de vestirse, de andar; el poner a los niños nombres pomposos tomados del Antiguo Testamento llegó a significar para ellos un pasaporte a la promoción en la vida civil, comercial o eclesiástica, como si la observancia de tales futilidades pudiese tener en sí misma el menor valor espiritual, y no condujese en realidad al autoengaño propio y a la hipocresía flagrante. Es incuestionable que la espiritualización del pensamiento conduce, en la práctica, a simplificar la vida de quien se aplica a ello, porque muchas cosas que antes parecían de gran importancia resultan luego carentes de valor e interés. Asimismo, es indudable que tal persona comprobará gradualmente cómo va conociendo a gente distinta, leyendo libros distintos y empleando su tiempo de manera distinta; y también, como es natural, que su conversación experimenta un notable cambio de calidad. "Las cosas viejans pasaron; he aquí que yo hago nuevas todas las cosas." Estas cosas siguen a un cambio de corazón; jamás lo preceden.

Esto nos demuestra cuán vano es el intento de adquirir popularidad, o cultivar la buena opinión de otros, pensando que de tales cosas puede derivarse alguna ventaja. Los que escuchaban a Jesús en el

Monte habían visto a los más indignos de los fariseos llevar a cabo buenas obras de la manera más ostensible, para ganar entre los hombres la reputación de ser ortodoxos y santos, y también, probablemente, porque tenían la impresión confusa de que así servían a sus intereses espirituales. Jesús analizó y denunció este error. Él nos dice que la aprobación que reciben los actos exteriores es su única recompensa, pero que aquéllos cumplidos en el silencio del Lugar Secreto son los que alcanzan verdaderamente la aprobación divina.

Jesús también pone aquí énfasis en la necesidad de que las oraciones tengan vida. La mera repetición de frases aprendidas, tal como hacen los loros, carece por completo de valor. Cuando estemos en oración debemos proponernos "sentir" la inspiración divina, poniéndonos en actitud receptiva (no negativa) hacia Dios. No es malo repetir constantemente una frase; esto ayuda, aunque no se comprenda mucho su sentido espiritual, con tal de que la repetición no se torne un acto puramente maquinal. Jesús mismo repitió tres veces las mismas palabras en los instantes de su agonía en el Huerto de los Olivos. Si alguna vez acontece que nuestro espíritu se embota mientras oramos, es mejor que nos detengamos, nos ocupemos en otra cosa durante algún tiempo, y volvamos después a orar con el espíritu vivificado.

Lo que es bueno ya existe eternamente por la Omnipresencia de Dios; no tenemos que crearlo. No obstante, hemos de ponerlo de manifiesto por medio de nuestra concepción personal de la Verdad. Este texto no significa que nos abstengamos de pedir por nuestras necesidades y problemas particulares. Ni tampoco, como lo creen algunos, que no debamos buscar más allá de la armonía general. De hacerlo así, los resultados de nuestro orar se distribuirán por igual en cada aspecto de nuestra vida, y la mejora en cada detalle particular puede ser tan pequeña que no merezca ser tenida en consideración. La actitud correcta es concentrar nuestro pensamiento en aquello que queremos ver realizado en el momento.

Es verdad que no debemos orar por cosas materiales en sí; pero cuando tengamos una necesidad, ya sea de dinero, pongamos por caso, o de empleo, o de una casa, o de un amigo, nos consideraremos a nosotros mismos, es decir, a nuestra alma en relación con aquella necesidad. Cuando hayamos orado lo suficiente como para llegar a una comprensión espiritual sobre aquel punto, la cosa necesitada aparecerá como una prueba de que nuestra parte se ha realizado. Llenemos el vacío de nuestros anhelos con el sentido del Amor de Dios, y las cosas que necesitemos aparecerán en nuestra vida como por encanto. Cuando hagamos nuestras oraciones, no tengamos temor de ser demasiado definidos, precisos y prácticos. El mismo Jesús era así. Nadie huyó más de la vaguedad o de lo indefinido que Él.

> Así, pues, habéis de orar: Padre nuestro que estás en los cielos, santificado sea tu nombre.
> venga tu reino, hágase tu voluntad, así en la tierra como en el cielo.
> Danos hoy nuestro pan de cada día.
> Y perdónanos nuestras deudas, así como nosotros perdonamos a nuestros deudores.
> Y no nos dejes caer en la tentación, mas líbranos del mal: porque tuyo es el reino, y el poder, y la gloria, por todos los siglos. Amén.
> Porque si vosotros perdonáis a otros sus

ofensas, también os perdonará a vosotros vuestro
Padre celestial. Pero si no perdonáis a los hombres, tampoco vuestro Padre perdonará vuestras
faltas.

(MATEO VI, 9-15)

Ésta, la más grande de todas las oraciones, llamada comúnmente el Padre Nuestro, es en efecto un
resumen magnífico de toda la enseñanza de Jesucristo. Se trata de un resumen que por lo breve y completo no tiene igual. Es nada menos que un esquema
acabado de la metafísica cristiana. En estos versos
Jesús define la naturaleza de Dios y del hombre, y
explica su interdependencia; nos dice lo que el universo es realmente, y proporciona un método de rápi-
da evolución espiritual para quienes lo usen cada día
de manera inteligente.

Notemos particularmente cuánto insiste Jesús en
la necesidad de perdonar y ser perdonados, si en verdad queremos alcanzar algún progreso en los domi-
nios del espíritu.

> Y cuando ayunéis, no aparezcáis tristes,
> como los hipócritas, que demudan su rostro para
> que los hombres vean que ayunan; en verdad os
> digo que ya tienen su recompensa.
>
> Tú, cuando ayunes, úngete la cabeza y lava
> tu cara, para que no vean los hombres que ayu-
> nas, sino tu Padre que está en lo secreto; y tu
> Padre, que ve en lo secreto, te recompensará.
> (Mateo VI, 16-18)

El ayuno era una costumbre general de aquel
tiempo, y Jesús lo da por sentado.

El ayuno, como lo interpretan hoy en día los que tratan de llevar a la práctica científicamente la vida cristiana, consiste en abstenerse de ciertos pensamientos, sobre todo, de los pensamientos negativos o malos; pero en algunos casos es necesario, si deseamos tener resultados positivos, abstenernos de pensar por algún tiempo en la dificultad particular que nos inquieta. Hay ciertos problemas, casi siempre los que hemos repasado muchas veces en nuestra mente, que no se resuelven sino "sólo por medio de la plegaria y del ayuno". En tal caso es preferible afrontar la cuestión definidamente y después abandonarla por algún tiempo, o también, confiarla a otra persona que la considere en su justa medida mientras nosotros nos fijamos en otras cosas.

El ayuno físico resulta a veces eficaz para solucionar un problema, especialmente en el caso de lo que llamamos dificultades crónicas, pero debe ir acompañado de un tratamiento espiritual. Esto se debe al alto grado de concentración que puede lograrse durante la abstinencia.

Notemos que el versículo 18 es sustancialmente una repetición del 6. Cuando la Biblia repite algo de esta manera, es una indicación evidente de que se trata de un punto de importancia primordial.

> No alleguéis tesoros en la tierra, donde la polilla y el orín los corroen y donde los ladrones horadan y roban.
>
> Atesorad tesoros en el cielo, donde ni la polilla ni el orín los corroen, y donde los ladrones no horadan ni roban. Donde está tu tesoro, allí estará tu corazón.
>
> La lámpara del cuerpo es el ojo: sí, pues, tu ojo estuviere sano, todo tu cuerpo estará lumino-

so; pero si tu ojo estuviese enfermo, todo tu cuerpo será tenebroso, pues si la luz que hay en ti es tinieblas ¡qué tales serán las tinieblas!

(MATEO V, 19-23)

Habiéndose extendido acerca de la naturaleza del Lugar Secreto, y habiéndonos dado la Oración Modelo, o Realización Divina como la Llave de la Vida, Jesús sigue llamando la atención sobre ciertas consecuencias que seguirán, a fin de mostrarnos que debemos conformar lo antes posible nuestra existencia a este principio fundamental. Por ejemplo, una vez que comprendamos que todo lo existente en el plano material no es más que la exteriorización de nuestros pensamientos, podemos hacernos cargo de lo necio que resulta acumular o tratar de acumular riquezas o bienes materiales de cualquier clase. Si nuestra conciencia está en rectitud, esto es, si comprendemos que Dios es Amor, que es la fuente dispensadora de todo bien, siempre estaremos en aptitud de lograr todo aquello que necesitemos, bien sea dinero o cualquier otra cosa, dondequiera que estemos y en cualquier circunstancia que nos encontremos. Nada nos llegará a hacer falta cuando comprendamos que para el Espíritu Divino demandar y obtener son la misma cosa. A la inversa, mientras no comprendamos esto, siempre estaremos expuestos a la pobreza o a cualquier necesidad. Podemos, ciertamente, llegar a poseer grandes caudales de riqueza, acciones, bonos, casas, tierras pero, a menos que tengamos una comprensión espiritual de la propiedad, estos tesoros, tarde o temprano, adquirirán alas, y volarán. En verdad, no hay otro camino para alcanzar seguridad que el de la comprensión espiritual.

Los bancos más seguros hacen bancarrota; la Bolsa está expuesta a catástrofes imprevistas; las minas y los pozos de petróleo pueden ser destruidos por un cataclismo natural; una nueva invención puede arruinar a una vieja; el abrir o cerrar una estación de ferrocarril o el iniciar una nueva empresa en otro lugar puede comprometer el valor de nuestras tierras, sin hablar del efecto que sobre toda clase de propiedad causan los trastornos inesperados que se producen en el mundo político. En pocas palabras, es malgastar el tiempo dirigir demasiado nuestro interés haica la acumulación de bienes materiales, que son vulnerables a los cambios y venturas.

Si dedicásemos a la meditación y a la Oración Científica una pequeña parte del tiempo y de la atención que empleamos en perseguir los bienes del mundo, el cambio de conciencia resultante nos pondría a salvo de la pobreza y la adversidad.

Si tuviésemos suficiente comprensión espiritual de las leyes que rigen el aprovisionamiento de cada uno, es probable que nuestras inversiones no fracasarían; y en caso de que salieran mal, las pérdidas se sustituirían inmediatamente, antes de que sufriésemos por ellas. En todo caso, el que tiene su mente puesta en un sentido de prosperidad, no puede empobrecerse; ni puede alcanzar bienestar material el que mantiene en la mente la idea de la pobreza.

A la larga, nadie puede conservar lo que no le pertenece por derecho de conciencia; ni tampoco puede perderlo aquél que lo tiene por el mismo derecho.

Por lo tanto, haremos bien en no fundar nuestra paz sobre tesoros terrenales, sino más bien sobre riquezas en los cielos, lo cual es la comprensión de la Ley Espiritual. Si concentramos nuestra felicidad en las cosas materiales, transitorias y mudables, no es a Dios a quien ponemos en el primer lugar de prioridad. Si Él ocupa el primer plano de nuestra vida, nada nos causará inquietud ni ansiedad.

Ahondando con más detalle en el mismo tema, Jesús nos dice que aquéllos que establecen su vida sobre esta nueva base estarán libres de las pequeñas inquietudes y afanes del vivir diario, que continúan incomodando a los demás. Cuestiones de dieta, por ejemplo, se arreglarán por sí solas si pensamos correctamente. El que ha orientado su vida por este nuevo rumbo no tiene que preocuparse por todo lo que come, convirtiendo así la función del comer en una carga penosa. Come natural y espontáneamente el alimento ordinario que se presenta, sabiendo que la buena dirección de sus pensamientos habituales hará asimilable lo que come. Si realiza las oraciones de cada día con sabiduría y dirección comerá menos, es decir, la cantidad de alimento naturalmente requerida.

El mismo principio es aplicable a todos los detalles de la vida cotidiana. Si oramos cada día de manera conveniente, encontraremos que las cosas secundarias de la vida se arreglan por sí mismas, sin necesidad de esfuerzo alguno por nuestra parte. Fijémonos en el contraste entre esto y el método usual de ordenar las cosas por separado, es decir, organizando mil y un detalles pequeños, y apreciaremos cuán maravillosamente nos libera la nueva base espiritual. Si, pues, tu ojo estuviese sano, todo tu cuerpo estará luminoso. He aquí la expresión absoluta de la Verdad. En efecto, si el ojo está sano, todo el cuerpo de la experiencia estará lleno de luz.

El ojo simboliza la percepción espiritual. Aquello en que ponemos nuestra atención, es la cosa que gobierna nuestra vida. La atención es de importancia capital. Nuestro libre albedrío reside en la orientación de nuestra atención. Aquello que capta nuestra atención con insistencia entrará en nuestra vida para dominarla. Si no nos fijamos en ninguna cosa en particular —y esto ocurre muy a menudo— entonces nada en particular nos acontecerá en la vida excepto la duda y la incertidumbre; iremos vagando a la ventura. Si nos fijamos en el mundo exterior, el cual por su naturaleza es variable y está sujeto a cambios, infaliblemente tendremos que sufrir la infelicidad, la pobreza y una salud deficiente. Por otra parte, si dirigimos nuestra atención hacia Dios, si la cosa que más nos importa es Su Gloria y la norma de nuestra vida es expresar Su voluntad, entonces nuestro ojo será sano, y nuestro cuerpo y nuestra existencia toda serán luminosos.

> Nadie puede servir a dos señores; pues, o bien aborreciendo al uno amará al otro, o bien adhiriéndose al uno menospreciará al otro. No podéis servir a Dios y a las riquezas.
>
> Por eso os digo: No os inquietéis por vuestra vida, por lo que habéis de comer o de beber, ni por vuestro cuerpo, por lo que habéis de vestir. ¿No es la vida más que el alimento, y el cuerpo más que el vestido?
>
> Mirad como las aves del cielo no siembran, ni siegan ni encierran en graneros, y vuestro Padre celestial las alimenta. ¿No valéis vosotros más que ellas?
>
> ¿Quién de vosotros con sus preocupaciones puede añadir a su estatura un solo codo?
>
> Y del vestido ¿por qué preocuparos? Aprended de los lirios del campo, cómo crecen; no se fatigan ni hilan.

Pues yo os digo, que ni Salomón en toda su gloria vistió como uno de ellos.

Pues si la hierba del campo que hoy es, y mañana es arrojada al horno, Dios la viste así, ¿no hará mucho más con vosotros, hombres de poca fe? No os preocupéis, pues, diciendo: ¿Qué comeremos, qué beberemos, o con qué nos vestiremos?

Los gentiles se afanan por todo eso; pero bien sabe vuestro Padre celestial que de todo eso tenéis necesidad.

Buscad, pues primero el Reino y su justicia, y todo eso se os dará por añadidura.

(MATEO VI, 25-34)

Muchos cristianos aceptan estos hechos en teoría, pero se manifiestan indiferentes cuando es cuestión de ponerlos en práctica, y esta vacilación los mete siempre en un sinnúmero de dificultades, nacidas de su flaqueza e inconsecuencia. En general, los materialistas son más felices, porque por lo menos viven según sus conocimientos y se conforman con lo que comprenden. Tratar de apoyarse en un principio ahora y en otro luego es servir a dos señores, y esto es imposible. No podéis servir a Dios y a las riquezas.

El hombre es esencialmente espiritual, y ha sido creado a la imagen y semejanza de Dios. En consecuencia, está hecho para vivir felizmente en el plano espiritual, y no puede realmente tener éxito en ningún otro. Las aves del cielo y los lirios del campo le ofrecen al hombre una sorprendente lección por su completa adaptación a las leyes de sus planos respectivos. Expresan verdaderamente su propia y auténtica naturaleza, van a través de la vida siendo a la perfección ellos mismos; y no conocen nada que se le parezca a la inquietud y la ansiedad que destruyen tantas vidas humanas. Los lirios de los que aquí se habla son las magníficas amapolas silvestres del Oriente, y quienquiera que haya visto un campo de estas flores meciéndose y balanceándose a la brisa, apreciará el sentido de reposo y libertad de espíritu, y gozo que según Jesús pertenece a la humanidad por derecho de nacimiento.

Por supuesto, Él no quiere decir que los seres humanos, que están en un plano biológico infinitamente más elevado, deban imitar al pie de la letra las vidas o los métodos de los pájaros o de las flores. La lección que tenemos que aprender es que nosotros debemos adaptarnos a nuestro propio elemento, de la misma manera que ellos lo hacen con el suyo. Y nuestro verdadero elemento, es la Presencia de Dios.

San Agustín dijo: "Tú nos has creado para ti mismo, y nuestros corazones están inquietos hasta que no reposan en ti" Cuando el hombre llegue a aceptar que la Verdad se encuentra en Dios tan completa e indudablemente como las flores y los pájaros aceptan la verdad de su propia condición, demostrará en sí la abundancia y la armonía divinas tan perfectamente como lo hacen estas otras criaturas de Dios.

Si alguien fuere lo bastante necio para interpretar estos símiles de forma literal en vez de espiritualmente, y se acostase en un campo de amapolas esperando a que Dios hiciese un milagro dramático en su favor, muy pronto se daría cuenta de que ése no es el camino. Poseyendo facultades infinitamente superiores a las de los animales y las plantas, el hombre imitará en verdad su sabiduría y su gloria siendo activo en su propia esfera, la de la oración y meditación. La Base Espiritual no es un sinónimo de *laissez faire*;

significa actividad intensa, pero en el plano espiritual, que es bien distinto del material. Ésta es la única forma por medio de la cual uno puede buscar el Reino de los Cielos; después de lo cual todas las cosas necesarias vendrán como una consecuencia.

Si nos sentimos muy desanimados y desconcertados, ha llegado el momento de echarnos mentalmente entre las amapolas, leer la Biblia y orar con serenidad, pero con perseverancia, hasta que algo suceda, o bien dentro o bien fuera de nosotros. Y esto no es *laissez faire* porque la oración es acción. Una vez, en Londres, conocí a una señora cuyos asuntos se enredaron tan desesperadamente que parecía destinada inexorablemente a la más completa ruina. La animé a que abandonase mentalmente toda su carga y, sin temor a las consecuencias inmediatas, pasase dos o tres días buscando en la Biblia una inspiración y pidiendo en oración la paz y la felicidad. Al cabo de una semana, sin que hubiese realizado acción material alguna, todo quedó aclarado como por arte de magia.

La manera normal de ganarse la vida es tener una profesión o desempeñar una ocupación que resulte útil y agradable. Se trata de hacer conscientemente la tarea y recibir a cambio una remuneración satisfactoria. La Oración Científica colocará a cada uno en tal posición, si no la tiene aún, y entonces, si ora cada día como conviene, dándose cuenta de la verdadera situación y pidiendo la oportunidad de servir, cualquiera que sea su actual posición irá mejorando a medida que pasa el tiempo. Pero tendrá que orar diariamente como conviene. No es necesario trabajar o ejercer una profesión fuera de casa. La mujer que lleva a cabo sus deberes en el hogar es un miembro de la comunidad tan útil como cualquier otro; y muchas personas que no tienen necesidad de preocuparse por el dinero debido a sus ingresos personales, prestan grandes servicios a la humanidad cultivando las artes o la literatura y fomentando las investigaciones científicas. Lo cierto es que nadie cuya vida repose en la Base Espiritual vivirá inactivamente, por grande que sea su riqueza.

De vez en cuando se oyen casos de ciertas personas que se creen tan espirituales que no necesitan ganarse la vida. Otra persona —algún pariente o un amigo— que trabaja, porque no es demasiado espiritual, suele mantenerlos en la ociosidad. Pero esa actitud mental habla por sí misma. Si la comprensión que una persona tiene de la metafísica resulta suficiente para permitirle pasar sin el trabajo ordinario, se encontrará automáticamente provista de lo necesario, permaneciendo independiente y digna de respeto. Y esto no puede en manera alguna aplicarse a los deudores o a los que viven a costa de otros. Si queremos experimentar apoyándonos en el poder de la Palabra, bien; pero estemos seguros de hacerlo con una sinceridad absoluta. El único modo de llevar a cabo este experimento de manera genuina es dejar que sea una demostración de fe. De lo contrario, tendremos que atenernos a consecuencias extremas. Si contamos secretamente con alguien que puede ayudarnos, no estaremos confiando en la Palabra Divina. Todo adepto de la Ciencia Espiritual puede esperar una prosperidad razonable que le permita vivir confortablemente y con seguridad. Mientras tanto no podamos probar esa Verdad sólo por el poder de la Palabra Divina, debemos continuar practicando el tratamiento espiritual que nos llevará a alcanzar una posición adecuada en la que desenvolvernos con éxito.

Jesús nos dice en este pasaje que todos nuestros esfuerzos de voluntad serán insuficientes para aumentar un codo a nuestra estatura. Ésta es otra manera de expresar la verdad que Él presenta de tantos modos diferentes, esto es, que debemos volver a nacer espiritualmente. En tanto permanezcamos como estamos, no podremos, pese a todo esfuerzo, lograr cambio alguno, ni en nosotros mismos, ni fuera de nosotros. Siempre hacemos lo que somos. Nuestra vida exterior se corresponde siempre con la interior. No podremos lograr ningún progreso si no nacemos de nuevo, esto es, si no llevamos a efecto una toma de conciencia de la Presencia de Dios.

> No os inquietéis, pues, por el mañana; porque el día de mañana ya tendrá sus propias inquietudes; bástale a cada día su afán.
>
> (MATEO VI, 34)

En la Oración Científica empleamos generalmente el tiempo presente. Todo el principio de la Oración Científica consiste en corregir y orientar la conciencia, y eso tiene que hacerse en el presente. Así, cuando se nos presente un problema referente al futuro, por ejemplo, un examen que tendremos dentro de seis meses, o un viaje desagradable que tenemos que realizar la semana siguiente, es ahora cuando conviene orar. No esperemos hasta el último momento. Trabajemos mentalmente ahora; esto es, trabajemos ahora en nuestra conciencia sobre el asunto, en el presente. No proyectemos nuestro tratamiento espiritual hacia el futuro, porque de esa forma no se obtendrán los resultados esperados. El hecho, sin duda, concierne al porvenir, pero el acto de pensar en él ahora significa que ya está en nuestra conciencia; y por tratarse de un pensamiento actual, puede y debe ser tratado en tiempo presente. De la misma manera podemos obrar respecto a los hechos pasados, y debemos hacerlo si aún nos inquietan, tratándolos como si fueran presentes, porque hoy es cuando persiste el pensamiento en nosotros. Tratemos todos los hechos, pasados y futuros, como si ocurriesen en el momento presente. No olvidemos que Dios está fuera de lo que llamamos tiempo y que, en consecuencia, la acción benéfica de Su Santa Presencia es igualmente eficaz —ayer, hoy y mañana.

Recordemos que los únicos pensamientos que importan son los de hoy. Los pensamientos de ayer o del año pasado ya no nos interesan, porque si nuestros pensamientos de hoy son justos, todo se encontrará rectificado en este mismo momento. La mejor manera de prepararse para el mañana es hacer serenos y armoniosos los pensamientos de hoy. Todos los demás bienes vendrán en consecuencia.

Sería inútil profundizar en nuestra mente para buscar obstáculos que pudiésemos erradicar. Tratemos fielmente los errores que nos llaman la atención y nos estaremos ocupando de todo lo que está escondido.

En el mismo espíritu, el Cristianismo Científico nos disuade de conceder demasiada atención a otro plano o a las condiciones de la vida después de la muerte. Tales preocupaciones no suelen ser sino una evasión de las realidades de esta vida y los problemas cotidianos que deben afrontarse y resolverse aquí y no evadirlos o, lo que es lo mismo, diferirlos en nuestro pensamiento.

126

Tenemos que hacer hincapié en la Vida, y no en la muerte, y centrarnos en hacer nuestra demostración aquí y ahora.

Capítulo 6

Con la medida con que midiéreis

No juzguéis, y no seréis juzgados,
porque con el juicio con que juzgareis, seréis
juzgados, y con la medida con que
midiereis se os medirá.
¿Cómo ves la paja en el ojo de tu hermano, y
no ves la viga en el tuyo?
¿O cómo osas decir a tu hermano: Deja que
te quite la paja del ojo, teniendo tú una
viga en el tuyo?
Hipócrita: quita primero la viga de tu ojo, y
entonces verás de quitar la paja del ojo
de tu hermano.

(MATEO VII, 1-5)

ESTA sección del Sermón de la Montaña consta de cinco versos cortos, y sólo unas cien palabras, y sin embargo no se exagera diciendo que es el documento más sorprendente que jamás se haya presentado a la humanidad. En estos cinco versos se nos dice más acerca de la naturaleza del hombre, el significado de la vida, la importancia de la conducta, el arte de vivir, el secreto de la felicidad y del buen éxito, la manera de superar la adversidad, el acceso a Dios, la emancipación del alma, y la salvación del mundo, que lo que todos los filósofos y todos los teólogos y todos los sabios juntos nos han dicho, porque nos explica la Gran Ley. Es infinitamente más importante que un hombre, y especialmente un niño, comprenda el significado de estos cinco versos, que ninguna otra cosa que se enseña en las escuelas y las universidades. No hay nada en los cursos de estudio corrientes, no hay nada que se pueda aprender en las bibliotecas o los laboratorios que valga la millonésima parte de la enseñanza de estos versos. Si alguna vez fuese posible justificar el dicho fanático: "Quemen los demás libros porque todo está en éste", se estaría haciendo mención a estos versos.

"No juzguéis y no seréis juzgados, porque con el juicio que juzgareis seréis juzgados y con la medida con que midiereis se os medirá" (MT. 7, 1-2). Si el hombre común comprendiese, aun por un momento, el significado de estas palabras, y verdaderamente las creyese, de inmediato revolucionarían toda su vida de arriba abajo radicalmente; su conducta diaria se transformaría por completo, y él mismo cambiaría tanto que, en un tiempo relativamente corto, sus amigos más íntimos casi no lo conocerían. Tanto si fuese primer ministro como si fuese un hombre de la calle, esta comprensión le cambiaría el mundo, y, como la verdad es más contagiosa de lo que se puede imaginar, su metamorfosis transformaría el mundo también para muchos otros.

Cada vez que leemos de nuevo el Sermón de la Montaña en una actitud mental receptiva, nos asombramos de encontrar que las afirmaciones que contiene han sido, en la práctica, pasadas por alto por la mayoría de los cristianos. Si no se supiese que es un hecho que estas palabras se oyen constantemente en público, y son leídas en privado por millones de cristianos de todas clases, casi no se podría creer que esto fuera posible; porque las verdades expresadas aquí parecen no tener nada que ver con los motivos de su vida y conducta diaria. Sin embargo, estas palabras expresan la Ley de la Vida, sencilla e inevitable.

Porque tal es la Ley de la Vida: tal como pensamos de otros, tal como hablamos de ellos, tal como nos portamos hacia ellos, así pensarán, y hablarán de nosotros, y así se portarán con nosotros. Sea cual fuere nuestra conducta, inevitablemente nos será devuelta. Todo lo que les hacemos a otros, tarde o temprano, aquí o allí, alguien nos lo hará. Lo bueno que hacemos se nos devolverá en el mismo grado; y lo malo que les hacemos a otros de la misma manera se nos devolverá también. Esto no quiere decir de ninguna manera que las personas a quienes tratamos bien o mal sean las mismas que nos devuelvan mañana la acción. Casi nunca ocurre así; pero lo que ocurre es que, en otro momento, tal vez años después, en otro lugar lejano, alguien que no sabe nada de la acción anterior nos la pagará con la misma moneda. Por cada palabra áspera que decimos a otra persona o de otra persona, tal palabra se nos dirá o se dirá de nosotros. Por cada vez que defraudemos, seremos defraudados; por cada vez que engañemos, seremos engañados. Por cada mentira que digamos, se nos mentirá también. Por cada vez que descuidemos un deber, por cada evasión de una responsabilidad, cada abuso de la autoridad sobre otras personas, estaremos haciendo algo por lo cual, inevitablemente, se nos pagará haciéndonos sufrir una herida igual. "Con la medida que midiereis se os medirá."

¿No es evidente que, si la gente se diera cuenta de todo ello, de que es literalmente cierto, esto influiría en su conducta en la forma más profunda? ¿No haría más, en la práctica, tal comprensión para hacer disminuir los crímenes y elevar el nivel moral de toda la comunidad, que todas las leyes elaboradas por los parlamentos, o todos los castigos impuestos por jueces y magistrados? La gente tiende a pensar, especialmente cuando la tentación es muy fuerte, que probablemente podrán escaparse de la ley del país, escaparse del alguacil, o deslizarse de las manos de las autoridades de cualquier otra manera. Esperan que los individuos les perdonen, o que no puedan vengarse, o que todo se olvide con el tiempo; o mejor aún, que nunca se descubra la falta. Sin embargo, si comprendiesen que la ley de la retribución es una Ley Cósmica, tan impersonal e inmutable como la ley de la gravedad, que no considera personas ni respeta instituciones, una ley sin rencor y sin piedad, reflexionarían más antes de tratar injustamente a sus prójimos. La ley de la gravedad nunca duerme, nunca está desprevenida, nunca se cansa, no es compasiva ni vengativa; y nadie podría imaginar que pudiese evadirla o engatusarla, o sobornarla, o intimidarla. La gente la acepta como inevitable e ineludible, y se comportan de acuerdo a ello. La ley de la retribución es tan inmutable como la ley de la gravedad. Tarde o temprano, el agua encuentra su nivel; y el trato que les damos a otros se nos devuelve.

Algunos cristianos, al oír la explicación de la ley de la retribución han puesto objeción diciendo que esta ley es de origen budista o indostano, y no cristiano. Es verdad que esta ley es enseñada por los budistas y los indostanos, y hacen bien en enseñarla porque es la ley de la naturaleza. Es verdad también que esta ley se comprende mejor en los países orientales que entre nosotros; pero eso no quiere decir que sea una posesión oriental. Lo que quiere decir es que las iglesias ortodoxas cristianas han faltado a su obligación de exponer a la gente una sección importante de la enseñanza de Jesús.

A los que dicen que ésta no es una ley cristiana, se les puede responder: ¿Es un documento cristiano el Evangelio de Mateo, o no? ¿Era cristiano o budista Jesucristo? Esta doctrina, nos guste o no nos guste, si queremos, podemos tratar de pasarla por alto; pero no podemos negar que Jesucristo la enseñó, y de la manera más directa y enfática, cuando dijo: *"No juzguéis y no seréis juzgados, porque con el juicio con que juzgareis seréis juzgados y con la medida que midiéreis seréis medidos"* (MT. 7, 1-2).

Sir Edwin Arnold, en su poema titulado *La Canción Celestial,* describió esta ley implacable de la justicia inmanente.

No hay nadie que la pueda menospreciar;
quien la impida, pierde; quien la sirva, gana;
el bien hecho en secreto da paz y deleite,
el mal escondido trae dolor.

Por ella el cuchillo apuñaló al asesino;
el juez injusto perdió su defensor,
la lengua falsa sentencia su propia mentira;
y el vil ladrón despoja sólo para restituir.

Ella lo ve y lo nota todo;
sé justo —¡te recompensará!—
Injusto —serás pagado con la misma moneda—
aunque Dharma tal vez tarde en llegar.

Bien claro está que conviene no hacerle a otra persona lo que no quisiéramos que alguien nos hiciese a nosotros, porque eso es lo que ocurrirá. Especialmente es éste el caso cuando actuamos mal con alguien que está en nuestro poder.

De la misma manera, igualmente, es cierto que por cada buena acción que cumplimos, por cada palabra bondadosa que pronunciamos, un día u otro recibiremos su equivalente. Muchas personas suelen quejarse de la ingratitud de aquéllas a quienes han ayudado o a quienes han concedido favores —y frecuentemente con razón—; pero esta queja manifiesta una actitud mental que es importante corregir. Cuando alguien se siente ofendido porque le han mostrado ingratitud por un favor, es porque ha esperado gratitud, y esto es un gran error. La verdadera razón para ayudar a otros es porque es nuestro deber ayudar en la medida en que podamos hacerlo sabiamente; o porque es una expresión del amor. Por supuesto, el amor verdadero no busca un *quid pro quo* y haber cumplido nuestro deber tendría que ser la propia recompensa, recordémoslo, o si lo preferimos así, de una manera u otra nuestra buena acción será reconocida a su tiempo. Cuando se espera la gratitud, se crea en la otra persona un sentido de obligación, y esta persona, probablemente, tendrá esto en su inconsciente y lo sentirá con más fuerza, porque tal cosa es algo que repugna a la naturaleza humana. Hagamos la buena acción y sigamos nuestro camino, sin esperar ni desear el reconocimiento personal.

¿No es acaso un pensamiento hermoso y estimulante que todas las oraciones que hemos pronunciado en nuestra vida, todo lo bueno que hemos hecho y todas nuestras palabras bondadosas permanecen con nosotros, y que nada puede quitárnoslas? En efecto, éstas son las únicas cosas que podemos guardar, porque todo lo demás ha de desaparecer. Nuestros errores mentales, y orales, y nuestros pecados van eliminándose según la Ley: pero el bien sigue incólume por toda la eternidad.

Los estudiosos del Cristianismo Científico que comprenden el poder del pensamiento, se darán cuenta de que es aquí, en el reino de los pensamientos, donde la Ley encuentra su verdadera aplicación; y verán que lo que importa, en última instancia, es guardar pensamientos rectos hacia otros, lo mismo que hacia sí mismo. Pensar rectamente en lo tocante a Dios, en lo tocante al prójimo y en lo tocante a sí mismo; esto es la Ley y los Profetas. Sabiendo que el dominio se encuentra en el Lugar Secreto, es en el Lugar Secreto donde hay que poner la atención, observando el mandamiento: No juzguéis.

La Regla de Oro interpretada científicamente es: Pensad de otros tal como quisierais que pensaran de vosotros. A la luz del conocimiento que ahora tenemos, la observancia de esta regla se convierte en un deber solemne, y más aún, es una vital deuda de honor. Una deuda de honor es una obligación que ninguna ley escrita puede hacernos cumplir, una obligación que cumplimos en secreto para satisfacción de nuestra conciencia; y del mismo modo, como nadie puede saber, y mucho menos probar, lo que estamos pensando, no somos responsables por nuestros pensamientos ante ningún tribunal sino ante el más alto: el Tribunal que nunca se equivoca y cuyas sentencias nunca se evaden.

Habiendo comprendido la Ley Suprema y su función, resumidas tan maravillosamente por Jesús en este pasaje, el discípulo está preparado para dar el siguiente paso importante y comprender cómo es posible elevarse incluso por encima de la Gran Ley en el nombre de Cristo. En la Biblia el término "Cristo" no es sinónimo de Jesús, el individuo. Es un término técnico que quiere decir la Verdad Espiritual y Absoluta acerca de cualquier cosa. Discernir esta Verdad acerca de alguna persona, o condición o circunstancia, inmediatamente sana a esa persona o condición o circunstancia, siendo el mejoramiento en la misma medida del grado de toma de consciencia del que piensa. He aquí la esencia de la curación espiritual, y por eso vemos que en el sentido más amplio, y con total independencia, al mismo tiempo, de las obras especiales y sin par realizadas por el mismo Jesús, es verdad que el Cristo viene al mundo para redimirlo y salvarlo. Cuandoquiera que el Cristo —eso es, la Idea Verdadera de algo— nace en el pensamiento de alguien, la curación física, o moral, o mental, según sea el caso, viene a continuación.

Una curación mental consiste en hacer lúcida e inteligente a una persona estúpida. Los niños más atrasados en la escuela responden como si fuera magia a tal tratamiento espiritual. Se pide para ellos la Inteligencia Divina y se cae en la cuenta de que Dios es el alma del hombre. La enfermedad y el pecado, la pobreza y la confusión, la ignorancia y la flaqueza humana, todo desaparece bajo el poder del

Cristo Sanador. Por profundas que sean las raíces de nuestros males, una visión clara del Cristo, una visión de la Verdad Espiritual, eternamente presente detrás de las apariencias, nos curará. Para esto no hay excepción alguna. Porque el Cristo es nada menos que la acción directa de Dios mismo, el Autoconocimiento del Espíritu, pasa por encima de todo.

La Ley Espiritual eclipsa y domina todas las leyes del plano físico y del plano mental. Esto, como hemos visto en el primer capítulo, no significa que las leyes del plano físico o del plano mental se pueden romper, sino que el hombre, por su naturaleza esencialmente divina, tiene el poder de levantarse por encima de estos planos al plano del Espíritu, plano de dimensión infinita, donde tales leyes no le afectan más. Él no viola sus leyes, se aventura más allá de sus fronteras. Cuando el globo aerostático se levanta hacia el sol, no obstante su peso, así que se hincha, parece que desafía la ley de la gravedad. Sin embargo, no se rompe esa ley, sino que más bien se cumple por esa acción, aunque la experiencia normal de la vida diaria está, de hecho, invertida. La Ley de Karma, ley infalible que no respeta a nadie ni olvida nada, no vale más que para los planos físico y mental; no es una ley del Espíritu. En Espíritu todo es perfecto, eterno, inalterable. En este dominio no hay nada malo que se pueda cosechar porque no se puede sembrar, y por consiguiente cuando el hombre levanta su atención hacia el mundo del Espíritu, por lo que llamamos la oración, la meditación o el tratamiento, transfiere su atención al dominio del Espíritu y así se pone —a ese grado— bajo la ley del Bien perfecto y se libera de Karma.

Así es que el hombre puede elegir entre Karma o el Cristo. He aquí las mejores noticias que jamás haya recibido la humanidad, y por eso se llama alegre noticia, o buena nueva, o Evangelio, pues tal es el sentido de esta palabra. Esta es la carta de las libertades humanas; el dominio del ser humano, hecho a la imagen de Dios y conforme a su semejanza, sobre todas las cosas. Pero el hombre puede elegir. Puede permanecer en la región limitada —el plano físico y el plano mental— y en ese caso queda estrechamente atado a la rueda del Karma; o puede apelar, por medio de la oración y la meditación, al Reino del Espíritu, esto es, al Cristo, y, de este modo, liberarse. Puede elegir, Cristo o el Karma; y Cristo es el Señor del Karma.

En Oriente, donde se comprende tan bien la ley del Karma, la humanidad no ha recibido el mensaje del Cristo; y por eso se encuentra en una posición de falta de esperanza. Pero nosotros, así que penetremos el espíritu del Evangelio, podemos liberarnos. En otras palabras, resulta que el Karma no es inexorable sino mientras no hacemos oración. En cuanto oramos, comenzamos a elevarnos por encima del Karma; es decir, comenzamos a erradicar gradualmente las consecuencias desagradables de nuestros errores pasados. Por cada falta, o tenemos que sufrir las consecuencias —ser castigados— o tenemos que cancelarlas por medio de la Oración Científica, por la Práctica de la Presencia de Dios. Tenemos esa gran alternativa —Cristo o el Karma.

¿Significa eso que cualquier falta, cualquier estupidez —hasta un pecado grave— puede expurgarse del Libro de la Vida, con todos los castigos o sufrimientos naturalmente resultantes? Sí, significa nada menos que eso. No hay ningún mal que pueda resistir la acción del Cristo Sanador. Dios ama tanto a la humanidad que manifiesta su poder único por medio de Cristo, a fin de que el que lo elige no perezca a causa de su flaqueza o fragilidad, sino que tenga la salvación eterna.

No es necesario decir que no se debe suponer que las consecuencias de una falta pueden evitarse a bajo precio, repitiendo una oración a la ligera. Para borrar el castigo que de otro modo sigue al pecado no sirve ninguna oración superficial, sino que se requiere una toma de consciencia de Dios suficiente para cambiar radicalmente el carácter del pecador. Cuando la oración o la sanación espiritual ha sido tan eficaz que el pecador llega a ser otro hombre (un hombre nuevo) y ya no desea repetir el pecado, entonces está salvado. Entonces los castigos están redimidos, porque Cristo es Señor del Karma.

Capítulo 7

Por sus frutos

No déis las cosas santas a los perros, ni arrojéis vuestras perlas a puercos, no sea que las pisoteen con sus pies y revolviéndose, os destrocen.

(MT. VII, 6)

La inteligencia es un factor del mensaje cristiano tan esencial como el amor. Dios es amor, pero Dios es también la inteligencia infinita y, a menos que estas dos cualidades estén en equilibrio en nuestra vida, no logramos la sabiduría; porque la sabiduría es la fusión perfecta de la inteligencia y del amor. El amor sin la inteligencia puede hacer involuntariamente mucho daño —el niño mimado es un ejemplo— y la inteligencia sin el amor puede resultar crueldad refinada. Toda actividad verdaderamente cristiana ha de expresar la sabiduría, porque el celo sin la discreción es proverbialmente perverso.

Suele suceder que las personas que por primera vez ven los horizontes infinitos de la Verdad y así se liberan de alguna dificultad penosa, se exaltan tanto de alegría que acuden a todas partes derramando a otros las noticias de su descubrimiento; y probablemente solicitándoles que acepten también la Verdad. Esta actitud es totalmente comprensible, porque el amor no desea más que compartir su bien; sin embargo, es muy imprudente. El hecho es que la aceptación de la Verdad implica, como hemos visto, el abandono de todos los valores viejos; y, después de todo, esto es un sacrificio tremendo que no se debe esperar de cualquier persona; y en todo caso, no puede suceder sino cuando uno está espiritualmente preparado para el cambio. Si esta Verdad se le presenta de una manera atractiva, el que está listo se alegrará de aceptarla; si no lo está, ninguna discusión intelectual o argumento alguno lo hará aceptarla.

No confiemos en nuestro propio juicio para decidir quién está listo para recibir la Verdad, y quién no lo está; más bien dejémonos guiar por el Espíritu Santo. La mayoría de nosotros hemos tenido la experiencia, cuando hemos caído en la cuenta de la Idea Espiritual y lo que significa, de obedecer al impulso natural de comunicar lo que se nos ha revelado a algunos de nuestros amigos, a quienes creemos que podemos persuadir fácilmente y nos hemos encontrado con que, en la mayoría de los casos se niegan por completo a recibirla. En cambio, algunas personas, a quienes considerábamos poco desarrolladas espiritualmente, se muestran muy receptivas y emprenden con éxito la transformación de su vida según el nuevo conocimiento. Si oramos regularmente todos los días pidiendo sabiduría, inteligencia y nuevas

142

oportunidades de servir, las personas adecuadas se presentarán sin que las busquemos; o nosotros iremos a ellos; y una ocasión conveniente se presentará para introducir el asunto. Mientras no estemos seguros de que sea prudente hablar de la Verdad, abstengámonos de hacerlo; en lugar de ello, oremos en silencio pidiendo que se nos guíe y dejemos el asunto en manos de Dios. Algunas veces no ocurre nada, no se presenta ninguna oportunidad mientras estamos con nuestro amigo, lo cual quiere decir que no ha llegado la hora y que nuestros esfuerzos no habrían servido para nada. Muchas veces, sin embargo, una ocasión obvia se presenta en la conversación, o algún incidente externo brinda el pretexto para introducir el asunto. Y he comprobado algún despertar sorprendente y agradable que surgió de esta manera.

Sobre todo abstengámonos de obligar a las personas con quienes vivimos o con quienes trabajamos a considerar la cuestión de la Verdad; especialmente en casa. Es fácil que nos convirtamos en un fastidio tratando de forzar con nuestras ideas a personas que no pueden apreciarlas, pues aún no están preparadas. Como nuestros familiares y nuestros socios tienen que vernos frecuentemente, no es prudente importunarlos o irritarlos. Démonos cuenta de que ellos, al no haber experimentado nuestro despertar personal, no puedan ver la cosa como nosotros la vemos; y que lo que ellos ven es otra cosa. También es posible que todavía no tengamos el arte de explicar nuestras ideas de la mejor manera posible. Finalmente es bueno recordar que los que nos rodean tendrán constantemente la oportunidad de examinar nuestra conducta personal, conocerán a fondo nuestras faltas y flaquezas y que, si hablamos demasiado e indiscretamente de valores espirituales, ellos esperarán de nuestra parte una demostración más grande que la que al principio podamos hacer. ¿Y no tendrían que ser superiores a la mayoría de los seres humanos para no señalar algunas veces, en el momento más inoportuno, aquellos actos nuestros que contradicen nuestras palabras? En otras palabras "apresurarse despacio" es el lema. Obrar con un ardor imprudente y adquirir la reputaclón de ser tonto o molesto no es un modo correcto de propagar la Verdad. El modo más rápido de hacerlo es vivir la vida uno mismo. Entonces los que nos rodean notarán el cambio en nosotros y en cuanto se den cuenta de que ha mejorado nuestra salud, que hay más prosperidad en nuestras vidas y que en nuestro rostro brilla la felicidad, vendrán espontáneamente, pidiéndonos que compartamos con ellos el secreto. No habrá que persuadirlos de que beban en las aguas de la vida.

Cuando tengamos deseos de presentar la Verdad a cierta persona, o a cierto grupo, conviene prepararnos mentalmente durante algunos días. Pidamos que la Inteligencia y el Amor nos ayuden a superar toda impaciencia y a hacer frente al ridículo y a la falta de afabilidad. Y sobre todo roguemos que esa Sabiduría, que combina el Amor y la Inteligencia, nos inspire. Afirmemos que la acción de Dios nos haga decir la palabra justa en el momento oportuno, y que al mismo tiempo los que nos escuchan sean guiados por las mismas cualidades divinas. No nos permitamos ocuparnos en modo alguno de los resultados que puedan seguir a la discusión. Hablemos según la Verdad y dejémosla obrar. A menudo nos sorprenderemos, unos días después, de la eficacia de esa preparación espiritual.

> Pedid, y se os dará; buscad, y hallaréis; lla-
> mad, y se os abrirá.
> Porque quien pide, recibe, quien busca, halla
> y a quien llama, se le abre.
> Pues, ¿quién de vosotros es el que, si su hijo
> le pide pan, le da una piedra?
> ¿O si le pide un pez, le da una serpiente?
> Pues si vosotros, siendo malos, sabéis dar
> cosas buenas a vuestros hijos, ¡cuánto más vues-
> tro Padre que está en los cielos, dará cosas bue-
> nas a quien se las pide!
>
> (MATEO VII, 7)

Éste es el pasaje maravilloso en el que Jesús enuncia la verdad primordial de la Paternidad de Dios. Esta verdad se puede llamar fundamental porque es la piedra angular sobre la cual se eleva el edificio de la religión verdadera. Mientras los hombres no comprendían la significación profunda del hecho de que Dios es Padre del hombre, no les era posible conocer plenamente la experiencia religiosa. Mientras creían que había dioses diversos, el sentido esencial de la religión escapaba a su alcance, porque la verdadera experiencia religiosa es la búsqueda de la unión consciente con Dios. Aceptar a varios dioses es imponerle a cada dios necesariamente limitaciones, y como los dioses de antaño se representaban en conflicto perpetuo entre sí, sólo un pensamiento caótico podía acompañar tal creencia. Los que se habían desarrollado espiritualmente bastante para aceptar la idea de un Dios único, el Dios verdadero, Le representaban todavía, casi en general, como un déspota oriental, o un sultán caprichoso y sin misericordia, poseyendo a sus súbditos y gobernándolos tiránicamente. El Dios de muchos capítulos del Antiguo Testamento es un tirano celoso y cruel, implacable en su ira, vindicativo, insaciable. Él parece no tener en común con los hombres nada más que lo que los hombres tienen en común con los animales; menos, en efecto, porque el hombre sabe que él es vulnerable al sufrimiento físico, al hambre y a la muerte, lo mismo que los animales.

Esta concepción oriental de un Dios despótico, de hecho, ha sido mantenida por un gran número de fervorosos cristianos ortodoxos, negando toda semejanza entre el hombre y el Creador. Un escritor moderno jocosamente ha comparado a este Dios con cierto millonario inglés quien por puro capricho mantiene un jardín zoológico cerca de Londres. Este jardín está lleno de animales que existen solamente porque interesan y divierten al dueño. De vez en cuando, el amo viene a verlos, y siguiendo, sin duda, consejos expertos, manda que se destruyan unos, que se trasladen otros a jaulas más espaciosas, y que otros se traten de una manera determinada. Es evidente que no existe entre los animales y su dueño comunión espiritual alguna; ellos no son más que juguetes animados que le divierten. Esta comparación no es de ninguna manera una descripción exagerada de las ideas de muchos hombres, de los fundamentalistas, por ejemplo.

Cuando se lee la Biblia con la mente abierta, se ve que Jesús, en este pasaje, una vez para siempre, penetra en la raíz de esta superstición abominable. De una manera clara y definida, afirma —dando énfasis del modo más circunstancial— que la relación verdadera que existe entre el hombre y Dios es la de un padre y un hijo. Dios cesa de ser el soberano que trata con esclavos serviles, y llega a ser un

146

Padre, lleno de amor para nosotros, que somos Sus hijos. Es sumamente difícil estimar el alcance de esta declaración en lo que toca a la vida del alma. Cuando se lee y se relee este pasaje, afirmando la paternidad de Dios, todos los días durante algunas semanas, se descubre que esto sólo resuelve muchos problemas religiosos. Se puede decir que se aclara así, de una vez para siempre, un sinnúmero de cuestiones perplejas. En el tiempo de Jesús, esa enseñanza acerca de la Paternidad de Dios era original y única. En el Antiguo Testamento nunca se llama a Dios "Padre". Cuando se hacen referencias a su Paternidad, se refieren a Él como padre de una nación y no de los individuos. En efecto, éste es el motivo por el cual Jesús hizo de la declaración de Paternidad de Dios la primera frase de lo que llamamos El Padre Nuestro. Esto explica, por ejemplo, la tremenda declaración del Génesis de que el hombre es a imagen y semejanza de Dios.

Es evidente, por supuesto, que la descendencia ha de ser de la misma naturaleza y la misma especie que el padre; y entonces si Dios y el hombre son en verdad Padre e hijo, el hombre ha de ser de esencia divina y susceptible de un infinito crecimiento y progreso y desarrollo en el camino ascendente hacia la divinidad. Esto quiere decir que, a medida que se desarrolle la naturaleza verdadera del hombre, su carácter espiritual, lo cual quiere decir que vaya siendo cada vez más consciente de ello, ampliará su conciencia espiritual hasta que haya trascendido todos los límites de la imaginación humana, cada vez más hacia delante. Éste es nuestro glorioso destino, como ya hemos visto. Jesús mismo dijo, además, citando el Antiguo Testamento: *"He dicho que sois dioses y todos vosotros hijos del Altísimo"* (JUAN X, 34-35). Entonces reforzó su declaración añadiendo significativamente: "Y no se puede quebrantar la Escritura."

Por consiguiente, en este pasaje somos liberados, de una vez para siempre, de la última cadena que nos ata a un destino limitado y envilecido. Somos hijos de Dios; y si somos hijos, coherederos con Jesucristo, como dice San Pablo; y. como hijos de Dios somos herederos de los bienes de nuestro Padre no somos extraños, ni criados recompensados, ni mucho menos esclavos. Somos los hijos de la casa, quienes un día hemos de gozar plenamente de nuestra herencia. Por el momento nos encontramos colmados de limitaciones e incapacidades porque no somos sino niños, menores de edad desde el punto de vista espiritual. Los niños son irresponsables; les faltan la sabiduría y la experiencia; hay que dirigirlos a fin de que sus errores no les traigan consecuencias graves. Pero así que el hombre logre su mayoría espiritual, reclama sus derechos y los obtiene. "Mientras el heredero es niño, siendo el dueño de todo, no difiere del siervo, sino que está bajo tutores y administradores hasta la fecha señalada por el Padre." (GÁL. 4, 1-2); y cuando llega esa hora, se despierta a la Verdad y obtiene su mayoría espiritual. Comprende que es la voz de Dios mismo la que está en su corazón haciéndole gritar: "Abba, Padre". Entonces, al fin, comprende que es el hijo del gran Rey, y que todo lo que posee su Padre es suyo y que puede gozarlo, ya sea salud, prosperidad, oportunidad, belleza, felicidad, o cualquier otra manifestación de Dios.

La cosa más perjudicial de la vida es la lentitud del hombre, se puede decir su desgana, para percibir su propio dominio. Dios nos ha dado dominio sobre

148

todas las cosas, pero, como niños asustados, rehuimos asumirlo, aunque asumirlo es la única salida para nosotros. La humanidad se parece a menudo a un fugitivo, sentado al volante de un automóvil listo para llevarle a un lugar seguro, pero que, debido a su nerviosismo, no puede coger el control y ponerlo en marcha. Allí se queda, medio helado de terror, mirando atrás, preguntándose si sus perseguidores van a alcanzarle y qué le pasará si eso sucede. Podría, en cualquier momento, escaparse a un lugar seguro, pero no lo hará, ni se atreverá.

Jesús, quien conocía el corazón humano como no lo ha conocido nadie, ni antes ni después, comprendía nuestra dificultad y nuestra debilidad a este respecto; y con ese don sin igual de encontrar las palabras con vida, con ese poder mágico de expresar las cosas más fundamentales en un lenguaje tan claro, tan sencillo, tan directo que hasta un niño puede comprenderlo, nos manda: "Pedid, y se os dará, buscad y hallaréis, llamad y se os abrirá. Pues quien pide recibe, quien busca halla y a quien llama se le abre".

Sería imposible imaginar una expresión más clara, o encontrar palabras más precisas que éstas. Sencillamente, no existen palabras de ninguna lengua más claras ni más enfáticas; y, sin embargo, la mayoría de los cristianos tranquilamente las pasan por alto, o las interpretan en un sentido tan estrecho que se pierde casi todo su valor.

Y de nuevo nos enfrentamos a este dilema —o Jesús sabía lo que decía, o no lo sabía— y, como difícilmente podríamos creer que no, tenemos que aceptar esas palabras como ciertas —¿cabe aquí alguna escapatoria?

Pedid, y se os dará. ¿No es ésta la Carta Magna de la libertad personal de cada hombre, cada mujer, cada niño del mundo? ¿No es el decreto de la emancipación de toda clase de servidumbre, física, mental, o espiritual? ¿Cabe lugar para la llamada virtud de la resignación, tantas veces predicada? El hecho es evidente: la resignación no es de ningún modo una virtud. Al contrario, es un pecado. Lo que condecoramos pomposamente con el nombre bello de resignación es en verdad una mezcla malsana de cobardía y pereza. No tenemos derecho a aceptar con resignación la disarmonía, de cualquier clase que sea, porque la disarmonía no puede ser la voluntad de Dios. No tenemos derecho a aceptar con resignación la enfermedad, o la pobreza, el pecado, la lucha, la infelicidad, o el remordimiento. No tenemos derecho a aceptar nada menos que la libertad, la armonía, el gozo, porque solamente así glorificamos a Dios, y expresamos Su Santa Voluntad, que es nuestra razón de ser.

Es nuestro deber más sagrado, en el nombre mismo de Dios, negarnos a aceptar algo menos que la felicidad completa y el buen éxito y no nos conformaremos a los deseos y a las instrucciones de Jesús si nos contentamos con menos. Debemos rezar y meditar con perseverencia, y reorganizar nuestra vida según los principios de su enseñanza, hasta que logremos nuestro objetivo. No solamente es posible nuestra victoria sobre todas las condiciones negativas, sino que nos ha sido definitivamente prometida en esas gloriosas palabras, que constituyen la divisa de la libertad del género humano: "Pedid, y se os dará; buscad, y hallaréis; llamad, y se os abrirá."

> Por eso, cuanto quisiereis que os hagan a vo-
> sotros los hombres, hacédselos vosotros a ellos,
> porque ésta es la Ley y los Profetas.
>
> (MATEO VII, 12)

Éste es el precepto sublime que llamamos la Regla de Oro. Jesús formula de nuevo la Ley Suprema en un resumen conciso. Esta repetición sigue a la gran declaración de la Paternidad de Dios. Esa ley se origina en el hecho metafísico de que, fundamentalmente, somos todos uno, ya que cada uno de nosotros es una parte del Espíritu Infinito. Y porque somos todos uno, hacerle daño al otro equivale a dañarse a sí mismo, mientras que ayudar al otro es, en efecto, ayudarse a sí mismo. La paternidad de Dios nos hace aceptar también la condición de hermanos de los hombres y, espiritualmente la fraternidad es unidad. La comprensión de esta gran verdad contiene en sí cualquier otro conocimiento religioso; y es lo que la fraseología de antaño llamaba La ley y los profetas.

> Entrad por la puerta estrecha, porque ancha
> es la puerta, y espaciosa la senda que lleva a la
> perdición, y muchos los que por ella entran.
> ¡Qué estrecha es la puerta, y qué angosta la
> senda que lleva a la vida, y cuán pocos los que
> dan con ella!
>
> (MATEO VII, 13-14).

No hay más que un modo bajo el sol de conseguir la armonía, es decir, la salud, la prosperidad, la paz mental —la salvación, en el sentido verdadero de la palabra— y es operar un cambio radical y permanente en la conciencia. Éste es el único modo; no hay otro. Hace un sinnúmero de generaciones que la humanidad se esfuerza en lograr la felicidad de todos los otros modos posibles. Durante muchos siglos el hombre se ha propuesto proyectos para conseguir la felicidad haciendo varios cambios en sus condiciones externas. Pero mientras el hombre trate de modificar su universo concreto, mientras se dedique a cambiar lo que le rodea y las circunstancias externas, sin preocuparse de la calidad de sus pensamientos y del progreso de su alma, todos sus esfuerzos resultan vanos. Ahora podemos ver que, debido a la naturaleza de nuestro ser, no se puede conseguir un cambio verdadero de las circunstancias exteriores de nuestra vida sino por la transformación de nuestra conciencia. Este cambio de la vida interior es la "puerta estrecha" de la que habla Jesús, y según dice Él, pocos son los que la encuentran. Sin embargo, realmente el número aumenta de día en día, y según vayan pasando los años, aumentará cada vez más. Aunque es comparativamente pequeño, en tiempos de Jesús lo era aún mucho más.

A esta doctrina según la cual lo que pasa en nuestra conciencia es lo que importa, porque nuestros conceptos son lo que vemos, Jesús la llama el Camino de la Vida; y Él añade que todas las demás doctrinas no son sino caminos anchos que conducen a la destrucción y a la decepción. ¿Por qué, entonces, está el hombre tan poco dispuesto, al parecer, a transformar su conciencia? ¿Por qué, según parece, prefiere probar cualquier otro método que se presente, por arduo o forzado que sea? A través de la historia, se han probado todos los métodos imaginables para efectuar la salvación de la humanidad, y todos han fracasado, por supuesto; sabemos ahora por qué; sin embargo, el hombre raras veces elige la senda "estrecha", a menos que le obligue a ello, individualmente, una fuerza irresistible.

La respuesta es que, como ya hemos visto, el cambio de conciencia es realmente muy duro, exige una vigilancia constante y el romper nuestros hábitos mentales, procedimiento penoso de sufrir durante un tiempo. El hombre es naturalmente perezoso; obedece a la ley del mínimo esfuerzo, y en esto, como en cosas de menos importancia, no va al fondo de las cosas a menos que se vea obligado a hacerlo.

El Camino de la Vida, la puerta estrecha, vale, sin embargo, infinitamente más de lo que cuesta. En este camino, las recompensas no son temporales, sino permanentes; cada milla ganada es ganada por toda la eternidad. Se puede decir que el cambio de conciencia es, en efecto, todo lo que vale la pena conseguir. Una comparación de la vida diaria nos permite ilustrar esta idea. Supongamos que hemos quitado una mancha a una prenda de vestir; nos aprovecharemos de esa acción durante unos meses, mientras dure la prenda. Por otro lado, supongamos que, haciendo ejercicios, desarrollemos una función corporal, digamos la capacidad de los pulmones; ese mejoramiento nos durará todo el resto de la vida, cincuenta o sesenta años, tal vez. Es evidente que de la segunda acción hemos sacado más provecho que de la primera. En lo que toca al cambio cualitativo de conciencia que resulta de la oración o de la sanación espiritual, no solamente sentimos los efectos de ese cambio en cada fase de la vida terrestre, sino que el cambio persistirá por toda la eternidad, porque no podemos perderlo nunca. Los ladrones no pueden "horadar y llevárselo".

En cuanto se obtenga la conciencia espiritual se encontrará que en verdad todas las cosas concurren para el bien de los que aman el Bien o a Dios. Entonces experimentaremos la perfecta salud, la prosperidad, la felicidad completa. Entonces nos sentiremos tan bien de salud que el mero vivir será un placer inexplicable; el cuerpo ya no será una carga penosa, como la que lleva tanta gente, sino que parecerá tener alas en los pies. La prosperidad será tal que ya no necesitaremos considerar la cuestión de dinero; tendremos bastante para llevar a cabo nuestros planes. Nuestro mundo se llenará de personas simpáticas, deseosas de ayudarnos todo lo posible. Nos ocuparemos en varias actividades tan útiles como agradables e interesantes. Todas nuestras ambiciones, todos nuestros talentos encontrarán una esfera amplia de acción; y, en pocas palabras, adquiriremos poco a poco esa "personalidad completamente integrada y expresada al máximo", con que sueña la psicología moderna.

Aquéllos a quienes el mensaje de Jesús no les haya revelado todavía su secreto no pueden ver en todo eso nada más que una bella visión, "demasiado hermosa para ser verdad", pero ésa es precisamente la esencia misma del mensaje de Cristo, que nada es demasiado hermoso para ser verdad, porque el Amor y el Poder de Dios son verdad. Es precisamente esta creencia de que la completa armonía es demasiado hermosa para ser verdad lo que nos impide conseguirla. Nosotros, al ser seres mentales, hacemos las leyes bajo las cuales vivimos y tenemos que vivir bajo las leyes que hacemos.

Un error trágico, que cometen muchas personas que son religiosas de una manera ortodoxa, es asumir que la Voluntad de Dios para con ellas debe de ser alguna cosa poco interesante, poco atractiva, si no absolutamente desagradable. Conscientemente o no, consideran a Dios como un maestro implacable, o como un padre puritano y austero. Muy a menudo sus oraciones parecen decir esto: "Dios, por favor, concédeme esa cosa buena que me hace tanta falta —pero no creo que quieras, porque no creerás que eso es bueno para mí." Inútil es añadir que una oración de esa clase tiene la respuesta de todas las oraciones, según la fe del que ora; porque se recibe lo que se espera. La verdad es que la Voluntad de Dios para con nosotros significa siempre más libertad, una existencia más amplia, mejor salud, una prosperidad más segura, y más oportunidades para servir a otros, —una vida más abundante

Si uno está enfermo o es pobre, o tiene que hacer un trabajo que no le gusta, si se siente solo o tiene que vivir con personas antipáticas, puede estar seguro de que no está expresando la Voluntad de Dios, y mientras no exprese la Voluntad de Dios, es natural que experimente disarmonía; y es igualmente verdad que, cuando uno exprese la Voluntad Divina, la armonía se restablecerá.

> Guardaos de los falsos profetas, que vienen a vosotros con vestidos de ovejas, mas de dentro son lobos rapaces.
>
> Por sus frutos los conoceréis. ¿Por ventura se recogen racimos de los espinos, o higos de los abrojos?
>
> Todo árbol bueno da buenos frutos y todo árbol malo da frutos malos.
>
> No puede árbol bueno dar malos frutos, ni árbol malo buenos frutos.

El árbol que no da buenos frutos es cortado y arrojado al fuego.

Por los frutos, pues, los conoceréis.

(MATEO VII, 15-20)

¿Hay un método infalible por el cual un hombre pueda averiguar la Verdad acerca de Dios, acerca de la vida, acerca de sí mismo? ¿Puede averiguar cuál es la religión verdadera, cuál es la iglesia genuina y cuál es falsa, y qué libros y qué maestros enseñan la Verdad? ¡Cuántos honrados buscadores, confusos y perplejos ante el alboroto de las teologías divergentes y las sectas rivales, han anhelado con todo el corazón poseer la piedra de toque de la Verdad!

¿Hay un cristiano sincero que no se esforzara en conformar su vida a las instrucciones de Jesucristo, si pudiese estar seguro de cuáles son? Toda clase de personas y toda clase de iglesias le dicen que sólo ellas representan la doctrina verdadera, y que es peligroso pasar por alto sus doctrinas y sus disciplinas; y él percibe que estos grupos diversos no están de acuerdo entre sí sobre los puntos esenciales ni de teoría ni de práctica, y que cada grupo a su vez está lleno de inconsistencias ilógicas.

Si en realidad le faltase al hombre un método para discernir la Verdad, se encontraría en un lamentable aprieto, pero afortunadamente, no es así. Jesús, el más profundo, y al mismo tiempo el más directo y más práctico de todos los maestros que el mundo haya conocido jamás, ha provisto lo necesario, dándonos una prueba sencilla y universalmente aplicable. Es una prueba que cualquier persona puede aplicar, en cualquier parte; es tan decisiva como la reacción química que nos muestra enseguida si lo que tenemos en la mano es oro. Es esta sencilla pregunta: ¿da frutos?

Esta prueba es de una sencillez tan sorprendente que muchas personas listas la han pasado por alto, como si no valiese la pena tomarla en cuenta, olvidando que todas las cosas fundamentales de la vida son sencillas. Esta sigue siendo la prueba fundamental de la verdad —¿da frutos?— porque la verdad siempre da frutos. La verdad siempre sana. Cuando se examina cuidadosamente una historia verdadera, resulta coherente; mientras que, cuando se analiza lo suficiente, la mentira más plausible se revela tal como es. La Verdad sana el cuerpo, purifica el alma, reforma al pecador, pone fin a las disensiones, y pacifica las luchas. De esto se desprende que, según Jesús, la enseñanza que es verdadera automáticamente se demostrará a sí misma en su aplicación práctica. *"...en mi nombre echarán los demonios, hablarán lenguas nuevas, tomarán en las manos las serpientes, y si bebieren ponzoña, no les dañará; pondrán las manos sobre los enfermos, y éstos se encontrarán bien"* (MARCOS 16, 17-18). Al contrario, la enseñanza falsa, por atractivamente que se presente, sea el que fuere el prestigio social o académico que posea, no puede cumplir ninguna de estas cosas. Los que la proponen son los profetas falsos que vienen vestidos con piel de oveja. Aunque habitualmente son perfectamente sinceros en sus demandas y pretensiones, sin embargo se interponen entre el buscador y la Verdad salvadora, y son, por consiguiente, a pesar de sus buenas intenciones, lobos rapaces en el ámbito espiritual. Por sus frutos los conoceréis.

Así que comprendemos claramente que los felices resultados son la prueba, y la única prueba, de la comprensión verdadera ya no nos quedan más pretextos para desviarnos del Camino. Puede ser que nuestro progreso, por una razón u otra, sea comparativamente lento, pero por lo menos podremos seguir el buen Camino. Si salimos del Camino, lo sabremos siempre, porque los frutos malos nos advertirán. La mayoría de nosotros encontramos dificultades particulares en demostrar ciertas cosas, mientras que nos es relativamente fácil hacer nuestra demostración en otras. Esto es natural, y solamente quiere decir que hay que aplicarse con más tenacidad a las cosas que parecen las más difíciles. Sin embargo, si nuestros esfuerzos no van efectuando ningún cambio apreciable, es que hemos salido del Camino, y que no estamos haciendo oración en el modo correcto; debemos entonces inmediatamente volver al Camino, afirmando que la Inteligencia Divina nos inspira, y que estamos expresando la Verdad. Ningún mal puede resultar de este procedimiento, aun cuando el período infructuoso parezca durar mucho tiempo; y durante esta prueba aprenderemos mucho. Pero, por otra parte, si seguimos el ejemplo del fariseo, y, en lugar de admitir francamente nuestro error, tratamos de justificarnos, si practicamos el orgullo espiritual, nos irá mal. Si, como algunas personas extraviadas, decimos algo así: —"No demuestro nada"—; o tal vez, ; si hablamos así, no sólo decimos disparates, sino que pretendemos blasfemar de la misma Sabiduría Divina; y éste es el pecado contra el Espíritu Santo.

No se buscan los resultados materiales como el fin último; solamente importa la búsqueda de la Verdad. Y porque la Ley decreta que, tan pronto como se dé un paso adelante en ese camino, sigue automáticamente, un mejoramiento de las condiciones exteriores ese cambio mismo constituye la prueba tangible de nuestro cambio interior "el signo externo y visible de la gracia espiritual interior". El mundo concreto es entonces como el indicador que nos permite saber lo que pasa dentro de una caldera. Por medio de las condiciones de nuestro mundo material podemos saber infaliblemente dónde estamos.

La razón verdadera para desear demostraciones es que son la prueba de que hemos logrado la comprensión. No hay tal cosa como una comprensión espiritual que no sea demostrable en el plano material. Si queremos saber dónde estamos en el Camino de la Verdad, examinemos las condiciones exteriores en que nos encontramos, comenzando con el cuerpo mismo. No puede haber en el alma nada que, tarde o temprano, no se ponga de manifiesto en el mundo exterior, y no puede haber en el mundo exterior nada que no tenga su correspondencia en el interior.

Tanto si es una prueba para nuestra propia alma, como para un maestro, para un libro o una iglesia, esta prueba es siempre sencilla directa e infalible: ¿Es beneficioso? ¿Cúales son sus frutos? Porque "por sus frutos los conoceréis."

> No todo el que dice: ¡Señor, Señor! entrará en el reino de los cielos, sino el que hace la voluntad de mi Padre, que está en los cielos.
>
> Muchos me dirán en aquel día: ¡Señor, Señor!, ¿no profetizamos en tu nombre, y en nombre tuyo lanzamos demonios, y en tu nombre hicimos muchos milagros?
>
> Yo entonces les diré: Nunca os conocí; apartaos de mí, obradores de iniquidad.
>
> (MATEO VII, 21-24)

El género humano es lento en reconocer que no hay otro modo de salvación que cambiar la conciencia, lo que significa tratar de hacer la Voluntad de Dios constantemente en cada aspecto de la vida. Todos queremos hacer Su Voluntad algunas veces y en ciertas cosas; pero mientras que no estemos listos para hacerla en todas las cosas, grandes o pequeñas. —una dedicación total de uno mismo, de hecho— no obtendremos más que resultados parciales. Mientras que permitamos que una cosa secundaria se interponga entre nosotros y la Causa Primordial, no seremos salvados. "No hay paz alguna para el alma que mantiene la sombra de una mentira" dijo George Meredith.

He aquí un peligro extraordinariamente sutil. Tan pronto como lo hemos evitado en un lado, nos ataca por otro lado. Exige una vigilancia incesante, un valor casi heroico. Nada es más cierto en la vida del alma que el precio de la libertad es una eterna vigilancia. No debemos permitir que ninguna consideración, ninguna institución, ninguna organización, ningún libro, ningún hombre o ninguna mujer se interponga entre nosotros y nuestra búsqueda de Dios. Si confiamos en otra cosa que nuestra propia comprensión de la Verdad, nuestros esfuerzos dejarán de dar frutos. Si contamos indebidamente con otra persona, con cierto maestro o médico, por ejemplo, un día vendrá en que, a la hora de nuestra necesidad, él estará lejos, y no será suya la culpa. Cuando más le necesitemos, nos faltará. Este mismo principio se aplica a las personas que se permiten ser dominadas por circunstancias especiales. Una mujer dijo: "Sólo puedo dedicarme a cosas espirituales cuando estoy en la biblioteca de nuestra iglesia; el ambiente en ella es tan hermoso." Poco después, su marido fue mandado por el gobierno a un puesto en el corazón de África donde tuvo que hacer frente a una crisis a miles de millas de cualquier biblioteca, y más de cien millas de cualquier otra mujer blanca. En ese momento tuvo que buscar refugio en sus propios recursos espirituales y, naturalmente, avanzó muchísimo en la comprensión espiritual.

Es nuestro deber recibir la ayuda que podamos leyendo libros, escuchando a maestros; pero a menos que confiemos en nuestro propio entendimiento, estaremos solamente diciendo: "¡Señor, Señor!" con los labios, y pretendiendo hacer profecías en Su Nombre mientras "no Le conocemos", lo cual, en la práctica, viene a ser como si Él no nos conociera a nosotros. No se entra de esa manera en el Reino de los Cielos. Repitamos que, para lograr comprender a Dios, tenemos que hacer un trabajo en nuestra propia conciencia, un trabajo genuino, consecuente y difícil.

Muchas personas tardan en salir de una iglesia ortodoxa en cuyas creencias ya no pueden consentir; por razones prácticas o sentimentales, no quisieran romper una tradición de familia. Pero: *El que ama al padre o a la madre más que a mí no es digno de mí.* " (Mt. 10, 37) Otras personas son bastante valientes para salir de una iglesia ortodoxa, pero se vuelven hacia alguna nueva organización que les parece corresponder a un concepto más elevado; aquí parecen dormirse de nuevo, bajo la ilusión de que al fin han encontrado la Verdad, y no necesitan preocuparse más. Este error del individuo es exactamente el de todas las iglesias ortodoxas: ellas también, en el origen, querían reformar las herejías. ¿Qué se gana separándose de una organización, si se entrega de nuevo la recién ganada libertad?

En algunos casos se ha desarrollado una devoción personal a algún maestro independiente que ha causado una sumisión completa a su juicio. En otros casos se ha encontrado un libro favorito que se considera infalible.

La única línea de conducta infalible conocida por el hombre es la que Jesús nos ha dado: "Por sus frutos los conoceréis."

Se debería sacar provecho gozosamente de la inspiración recibida de un pastor esclarecido o de un conferenciante instruido. Conviene guardar abierto el espíritu a las fuentes exteriores, escuchar a los que, según nuestro parecer, expresan la sabiduría y nos pueden extender los horizontes mentales, y servirnos de libros que nos estimulen el pensamiento; pero no rindamos nunca a otra persona nuestro propio juicio espiritual. Demos las gracias a los que nos han ayudado; agradezcamos el bien recibido; pero estemos siempre dispuestos a dar el paso que sigue. No olvidemos que la Verdad del Ser tiene que ver con el infinito, que es el impersonal Principio de la Vida, y no puede someterse a la explotación ni de una persona ni de una organización particular.

No debemos ni un átomo de lealtad a ninguna persona ni a ninguna cosa en el universo, excepto al Cristo que mora en nuestro Lugar Secreto; solamente siendo leales a Él, podemos conservar nuestra integridad espiritual. Si el mero hecho de asociarnos a algún grupo fuese garantía de la comprensión espiritual, la cuestión de nuestra salvación sería mucho más sencilla de lo que es. Desafortunadamente el problema resulta mucho más complejo. Sociedades, iglesias, escuelas, conferencias y libros concurren para proporcionarnos un lienzo en el cual podamos representar nuestra vida espiritual; pero el trabajo de hecho ha de hacerse en nuestra conciencia íntima. Esperar demasiado de nuestro mundo exterior no es más que superstición. Cuando llegue la hora de la prueba, si nos apoyamos en una iglesia particular, o en nuestra devoción a un director espiritual, o bien en un conocimiento de un libro que sabemos de memoria, la Voz de la Verdad proclamará que nunca nos ha conocido; y tendremos que pasarnos sin nuestra demostración.

La vida del hombre y su personalidad son tan complejas que la Biblia nos presenta cada problema desde varios puntos de vista. Así se destaca de este pasaje del Sermón de la Montaña otra lección muy importante; a saber, que la única manera de alcanzar cualquier cosa es practicar la Presencia de Dios. Es el único método por el cual se pueden obtener resultados permanentes. Se pueden obtener resultados temporales mediante el ejercicio de la voluntad, pero no son sino transitorios y, tarde o temprano, lo que parece ganarse de esa manera se pierde de nuevo, dejándolo todo peor que antes. Una fortuna grande, por ejemplo, puede ser amontonada por la voluntad misma de su dueño, pero algún día los bienes así adquiridos adquieren alas y vuelan, dejando a la víctima más pobre que nunca. Si el que amontona los bienes de este mundo no conoce la Verdad del Ser, la Verdad no le conoce a él y entonces no puede ayudarle. Formulado a la manera oriental, en términos dramáticos, la Biblia nos advierte de este peligro: "Nunca os conocí; apartaos de mí, obradores de iniquidad."

Cuando una persona ha cometido tal error, el remedio consiste, evidentemente, en dejar de tratar de obrar sin Dios. La falta será perdonada, como lo son todas las faltas, en cuanto la corrijamos, así que nos arrepintamos de ella. Entonces se debe enriquecer la vida espiritual, afirmando que Dios es la fuente inagotable y siempre accesible de toda abundancia. Así se crea la conciencia de la prosperidad verdadera, y, hecho esto, uno no puede nunca empobrecerse.

> Aquel, pues, que escucha mis palabras y las pone por obra, será como el varón prudente que edifica su casa sobre roca.
>
> Cayó la lluvia, vinieron los torrentes, soplaron los vientos y dieron sobre la casa, pero no cayó, porque estaba fundada sobre roca.
>
> Pero el que me escucha estas palabras y no las pone por obra, será semejante al necio que edificó su casa sobre arena.
>
> Cayó la lluvia, vinieron los torrentes, soplaron los vientos y dieron sobre la casa, que se derrumbó estrepitosamente.
>
> (MT.7, 24-27)

El Sermón termina con una de esas ilustraciones que por la sencillez gráfica y la fuerza directa no tienen igual fuera de la enseñanza de Jesús. Nadie que haya leído esta parábola de las dos casas puede olvidarla. Se nos advierte una vez más de la vanidad de la teoría sin verificación en la práctica, y del peligro grave en que se encuentran los que conocen la Verdad, o por lo menos están al corriente de Ella, sin hacer todo lo posible para practicarla. Sería mejor, tal vez, no haber oído hablar nunca de la Verdad, que conocerla sin practicarla.

Uno de los símbolos más antiguos y más importantes para el alma humana es el de un edificio

—morada o templo— que el hombre está ocupado en construir. El hombre que construye es un personaje de la tradición oculta tan común como el pastor, o el pescador, o el rey —como lo hemos encontrado en una sección anterior—. La primera preocupación de todo constructor es elegir unos cimientos firmes, porque, sin éstos, por muy hábil y concienzudamente que esté hecha la construcción, se derrumbará en la primera tormenta que venga. Jesús, recordemos, fue educado en la casa y el taller de un carpintero, quien, en esa época, hacía el papel de constructor, como lo hace hoy día entre nosotros en remotos lugares rurales. En las cambiantes arenas del desierto no es posible construir nada, y la gente tiene que vivir en tiendas. Cuando el oriental desea construir un edificio permanente, busca una roca y allí se levanta su casa. En la Biblia, la palabra roca quiere decir el Cristo, y la intención es evidente. La Verdad del Cristo es la única fundación sobre la cual es posible levantar con seguridad el templo del alma regenerada. Esa Verdad es lo único en la vida que es absolutamente real, que nunca cambia, que nunca se muda —la misma ayer, hoy y siempre—. Asentados en este cimiento quedaremos seguros cuando los vientos, las lluvias, las inundaciones del error, del temor, de la duda, del remordimiento vengan a atacarnos. ¡Que nos ataquen! Nosotros los resistiremos, porque nos apoyamos en la Roca. Pero en cuanto contemos con algo menos que esa Roca, con nuestra propia voluntad, con nuestra llamada seguridad material, con la buena voluntad de otros, con nuestros propios recursos personales —con todo menos con Dios— estamos construyendo sobre la arena, y grande será nuestra ruina.

> Cuando acabó Jesús estos discursos, se maravillaban las muchedumbres de su doctrina, porque les enseñaba como quien tiene autoridad, y no como sus doctores.
>
> (MT. 7, 28-29)

Al terminar, Mateo nos dice sencillamente que la gente se admiraba escuchando lo que le dijo Jesús. Siempre es así. El mensaje del Cristo es completamente revolucionario. Trastorna todas las ideas y todos los métodos, no solamente del mundo, sino también de la religión convencional y ortodoxa, porque dirige nuestra atención desde el exterior hasta el interior y desde el hombre y sus obras a Dios.

Enseñaba como quien tiene autoridad, y no como los escribas. La ventaja más grande de la Base Espiritual es que se comienza a saber. Cuando uno ha obtenido, gracias a la Oración Científica, la demostración más mínima, ha experimentado algo que ya no puede perder; tiene dentro de sí el testimonio (la prueba) de la Verdad. No tiene por qué confiar más en la palabra de otra persona; lo sabe para sí; y esta revelación es la única autoridad que vale. Jesús tenía esta autoridad: la probaba por sus obras. Si leemos el siguiente capítulo del Evangelio según Mateo, aprendemos que inmediatamente después de dar el último discurso del Sermón de la Montaña, Jesús, volviendo al pueblo, curó instantáneamente a un leproso. Asi probó que sus preceptos no eran mera teoría, y lo probó con creces.

Jesús vivía en contacto directo con Dios; y, por eso, cuando hablaba, pronunciaba la Palabra de Poder.

El Padre Nuestro

(UNA INTERPRETACIÓN)

Ora bien el que ama bien ya sea
hombre, pájaro o fiera.
Ora bien el que ama bien a todas
las cosas, grandes o pequeñas.
Porque el Dios amado que nos ama,
lo hizo y amó todo.

COLERIDGE

Padre Nuestro que estás en los cielos,
santificado sea tu nombre;
venga a nosotros tu reino.
hágase tu voluntad, como en el cielo
así en la tierra.
El pan nuestro de cada día dánosle hoy
y perdónanos nuestras deudas,
así como nosotros perdonamos a
nuestros deudores.
Y no nos pongas en tentación, mas
líbranos del mal;
Porque tuyo es el reino, el poder,
y la gloria, por todos los siglos.

Amén.

El Padre Nuestro

EL Padre Nuestro es el más importante de todos los documentos cristianos. Fue concebido cuidadosamente por Jesús con ciertos fines muy precisos. Es por eso que el Padre Nuestro es la más conocida y citada de todas sus enseñanzas. En efecto, es el denominador común de todas las iglesias cristianas. Cada una, sin excepción, usa el Padre Nuestro, siendo tal vez el único terreno en el que todas coinciden. A cada niño cristiano se le enseña el Padre Nuestro, y cada cristiano que ora lo dice casi todos los días. Es probable que su uso exceda al de casi todas las oraciones juntas. El que trata de seguir el Camino trazado por Jesús debe sin duda usar el Padre Nuestro todos los días, y usarlo inteligentemente.

Para llevar a cabo esto, hemos de entender que el Padre Nuestro es una totalidad orgánica cuidadosamente organizada. Muchas personas la dicen rápidamente como loros, olvidando la advertencia de

Jesús de que no incurriésemos en repeticiones vanas; y, por supuesto, así no es posible sacar ningún provecho de ella.

La Gran Oración es una fórmula compacta para el desarrollo del alma. Fue compuesta con infinito cuidado para ese fin, de manera que aquéllos que la usen regularmente comprendiéndola, experimenten un verdadero cambio en el alma. No hay más progreso que este cambio, llamado en la Biblia "nacer de nuevo". Y es este cambio en el alma la única cosa que importa. La mera adquisición por la vía intelectual de conocimientos nuevos, no opera cambio alguno en el alma; el Padre Nuestro está preparado especialmente para efectuar ese cambio, y jamás deja de hacerlo cuando se usa regularmente.

Cuanto más se analiza el Padre Nuestro, tanto más maravillosa parece su construcción. Responde a la necesidad de cada persona en cualquier plano que se encuentre. No solamente ofrece un rápido desarrollo espiritual a aquéllos que han avanzado lo bastante para captarlo, sino que también en su sentido superficial provee a los más sencillos y hasta a los más materialistas, lo que necesiten en el momento, con tal que usen la Oración sinceramente.

Esta oración, la más grande de todas, tiene aún otra finalidad no menos importante. Jesús previó que, en el curso de los siglos, su enseñanza sencilla y primitiva sería gradualmente cubierta por toda suerte de cosas exteriores que nada tienen que ver con ella. Previó que hombres que no le habían conocido, confiando, sinceramente sin duda, en su propia mente limitada, construirían teologías y sistemas doctrinales, ofuscando la simplicidad directa del mensaje espiritual, y en realidad levantando una muralla entre Dios y el hombre. Él compuso la Oración de tal manera que pasaría a través de las edades sin sufrir alteración. La ordenó con acierto perfecto, a fin de que no pudiese ser torcida o distorsionada, ni adaptada a ningún sistema hecho por hombres; a fin de que llevase realmente dentro de sí todo el mensaje cristiano, y que sin embargo no presentase en la superficie nada que pudiera atraer la atención de los que tuvieran el hábito de cambiarlo todo. Así, a través de todas las vicisitudes de los siglos de historia cristiana, esta oración ha llegado hasta nosotros en toda su prístina pureza.

La primera cosa que notamos es que la Oración se divide naturalmente en siete cláusulas. Esto es muy característico de la tradición oriental. El número siete simboliza la perfección del alma individual, así como el número doce simboliza la armonía de todos los miembros de un grupo. En el uso corriente encontramos muchas veces una octava cláusula añadida —"Porque tuyo es el reino, el poder y la gloria"— pero aunque ésta, es una excelente afirmación, no es en verdad una parte de la Oración. Las siete cláusulas están unidas con el mayor cuidado, en perfecto orden y secuencia, y contienen todo lo que el alma necesita para su propia vida. Consideremos la primera cláusula.

Padre Nuestro...

ESTAS dos palabras por sí solas constituyen un sistema de teología completo y preciso. En ellas se fija clara y distintamente la naturaleza y carácter de Dios. Resumen la verdad del Ser. Nos dicen todo lo que el hombre necesita saber acerca de Dios, acerca de sí mismo y acerca de su prójimo. Todo lo que a ellas se añada puede ser sólo a guisa de comentario, pues muy bien podría oscurecerse y complicarse el sentido verdadero del texto. Oliver Wendell Holmes dijo: "Toda mi religión está contenida en las dos primeras palabras del Padre Nuestro." Y la mayoría de nosotros nos encontramos en pleno acuerdo con él.

Notemos lo conciso y directo de la afirmación, Padre Nuestro. En esta cláusula Jesús establece de una vez para siempre que la relación entre Dios y el hombre es la de Padre e hijo. Esto quita toda posibilidad de que Dios pueda ser ese tirano cruel e implacable que nos presenta a menudo la teología, cual déspota oriental gobernando a esclavos serviles. Sabemos bien que los padres, sean cuales fueren sus defectos en otro sentido, tratan de hacer siempre todo lo mejor que pueden por sus hijos. Desgraciadamente, existen padres crueles que proceden contra esta regla natural, pero son tan excepcionales que los periódicos los estigmatizan. Hablando de la misma verdad, Jesús dijo también? "Si, pues, vosotros, siendo malos, sabéis dar cosas buenas a vuestros hijos, ¡cuánto más vuestro Padre, que está en los cielos, dará cosas buenas a quien se las pide!"; y por eso empieza su Oración estableciendo el carácter del pacto de Dios como Padre perfecto con sus hijos.

Notemos que esta cláusula, que fija la naturaleza de Dios, establece al mismo tiempo la naturaleza del hombre; porque si el hombre es hijo de Dios, necesariamente tiene que participar de Su naturaleza, ya que la naturaleza de los hijos es invariablemente similar a la de los padres. Es una ley cósmica que "de tal padre tal hijo". No es posible para un rosal producir lirios o para una vaca dar a luz a un potrito. La prole, pues, es y tiene que ser de la misma naturaleza que los padres; y, así como Dios es Espíritu Divino, el hombre tiene que ser esencialmente Espíritu Divino también, no importa si las apariencias dicen lo contrario.

Pero detengámonos aquí un instante y tratemos de darnos cuenta del progreso inmenso que hemos realizado al comprender la enseñanza de Jesús a este respecto. ¿No es evidente que así Él eliminó de un golpe el noventa por ciento de la vieja teología, con su Dios vengativo, sus almas predestinadas, su fuego eterno del infierno y todas las otras horribles creaciones concebidas por imaginaciones enfermas y atormentadas? Dios existe. Y el Eterno, el Todopoderoso, el Omnipresente, es el Padre misericordioso de la humanidad.

Si meditásemos en este hecho lo bastante para comprender, aun parcialmente, lo que en verdad significa, la mayoría de nuestras dificultades se encontrarían resueltas y nuestras enfermedades desaparecerían, porque sus raíces hallan sustento en el temor. Y la causa fundamental de toda dificultad es el temor. Si pudiésemos entender, tan sólo en parte, que esta

Sabiduría Divina es nuestro vivo y amante Padre, casi todos nuestros temores desaparecerían. Y si pudiésemos comprenderlo completamente, toda cosa negativa en nuestra vida se disiparía, y la perfección de nuestra existencia sería una demostración de nuestra perfecta condición espiritual. Así podemos ver cuál era el propósito de Jesús al expresar esta cláusula en primer lugar.

Seguidamente vemos que la Oración no dice "Padre Mío", sino "Padre Nuestro", lo cual significa, sin ningún lugar a duda, el hecho verdadero de la fraternidad de los hombres. Ello fuerza nuestra atención desde el principio a fijarse en el hecho de que todos los hombres son ciertamente hermanos, hijos de un mismo Padre; y que *"No hay ya judío o griego, no hay siervo o libre, no hay hombre o mujer"*, (GÁL. 3, 28); porque todos los hombres son hermanos. Aquí Jesús, al establecer su segundo punto, pone fin a todos los disparates absurdos tocantes a una raza elegida, o a la superioridad de un grupo sobre otro. Él disipa la ilusión de que los hombres de cierta nación, raza, color o clase social sean superiores a otros. La creencia en la superioridad del grupo al que uno pertenece, el "rebaño", como lo llaman los psicólogos, es una ilusión a la que es muy dado el género humano, pero que no tiene lugar en la doctrina de Jesús. Él establece que lo que señala la posición de un hombre es la condición espiritual de su propia alma, y mientras esté siguiendo el camino espiritual no existe diferencia alguna con respecto al grupo al que pertenezca.

Como consecuencia final de estas palabras se desprende el mandamiento de que debemos orar no solamente por nosotros mismos, sino por toda la

174

humanidad. Todo investigador de la Verdad debería observar el pensamiento de la Verdad del Ser para toda la raza humana por lo menos un momento cada día, porque ninguno de nosotros vive para sí mismo ni para sí muere. Somos, en verdad —y en un sentido más literal de lo que generalmente se cree— miembros de un solo cuerpo.

Así empezamos a ver que es mucho más de lo que superficialmente aparece, el sentido que encierran las simples palabras "Padre Nuestro". Simples —y aún podríamos decir inocentes— Jesús ha escondido en ellas un explosivo espiritual capaz de destruir todo sistema hecho por el hombre que mantenga esclavizada a la humanidad.

Que estás en los Cielos...

DESPUÉS de probar claramente que Dios es el Padre de los hombres, y que todos los hombres son hermanos, Jesús sigue explicando la naturaleza de Dios y describiendo los hechos fundamentales de la existencia. Habiendo demostrado que Dios y el hombre son Padre e hijo, Él expone sus funciones respectivas en el sistema del universo. Explica que es propio de la naturaleza de Dios estar en los cielos, y del hombre estar en la Tierra, porque Dios es Causa y el hombre es manifestación. La expresión de una causa no puede ser la causa misma, y contra tal confusión debemos mantenernos en guardia. Aquí la palabra "cielos" —de acuerdo con la fraseología religiosa— significa Presencia de Dios. En términos metafísicos Dios es lo Absoluto, porque su reino es el reino del Ser Puro e Incondicionado, de las ideas arquetipos. La palabra "Tierra" quiere decir manifestación, y es la función del hombre manifestar o expresar a Dios. En otras palabras, Dios es lo Infinito y la Causa Perfecta de todas las cosas; pero la Causa ha de ser expresada, y Dios se expresa a si mismo por medio del hombre. El destino del hombre es expresar a Dios por toda suerte de medios gloriosos y maravillosos. Vemos parte de esta expresión en lo que le rodea; primero su cuerpo, que es sólo la parte más íntima de su encarnación; luego su casa, su trabajo, su recreación, en suma, su expresión completa. Expresar quiere decir hacer salir, sacar a la luz lo que ya existe implícitamente. Cada detalle o incidente de nuestra vida es la manifestación o expresión de algo que ya existe en el alma.

Algunos de estos puntos pueden parecer un poco abstractos al principio; pero como los conceptos falsos acerca de la relación entre Dios y el hombre son precisamente la causa de todas nuestras dificultades, vale la pena que nos tomemos la molestia de aprender bien la índole de tal relación. Vivir en la manifestación sin preocuparnos por la Causa, es ateísmo o materialismo, que sabemos adónde conducen. Y tratar de tener la Causa sin la manifestación hace al hombre suponerse un dios personal, y esto frecuentemente termina en megalomanía o en la parálisis de la expresión. Lo que importa saber es que Dios está en los cielos y el hombre en la Tierra, y que cada uno tiene su propio papel en el orden universal. Aunque son Uno, no son idénticos. Jesús establece cuidadosamente esta distinción cuando dice: "Padre Nuestro que estás en los cielos".

Santificado sea tu Nombre...

En la Biblia, como en otras partes, el "nombre" de una cosa significa al mismo tiempo su naturaleza esencial y su carácter; por eso, cuando se nos dice lo que es el nombre de Dios, se nos dice lo que es Su naturaleza, y Su nombre o naturaleza, dice Jesús, es "Santificado". Pero, ¿qué significa la palabra "santificado"? Si seguimos su origen etimológico vemos que pertenece al mismo grupo que "santo", "sano", "salud", "saludable". De manera que la naturaleza de Dios se nos revela, no solamente digna de nuestra veneración, sino completa y perfecta —enteramente buena—. De aquí se derivan notables consecuencias. Estamos de acuerdo en que un efecto es siempre de la misma naturaleza que la causa que lo produce, por lo tanto, como quiera que Dios es santificado, todo lo que de Él proceda no podrá ser menos que santificado también. Así como el rosal no puede producir lirios, no puede venir de Dios más que el bien perfecto. O como nos dice la Biblia, "Una misma fuente no puede hacer brotar aguas dulces y saladas". De todo esto se desprende que Dios no puede, como la gente piensa a veces, enviar la enfermedad, o la adversidad, o los accidentes, ni mucho menos la muerte, porque esas cosas se contradicen con Su naturaleza. "Santificado sea tu nombre" significa, "Tu naturaleza es esencialmente buena y sólo Tú eres autor del bien perfecto". "Muy limpio eres tú de ojos para contemplar el mal y no puedes soportar [la vista] de la miseria." (Hab. 1, 13).

178

Si pensamos que nuestras dificultades han sido enviadas por Dios, no importa cuán buena nos parezca la razón, estamos dando poder a tales dificultades, y esto hará muy difícil que nos libremos de ellas.

Venga a nosotros Tu Reino...

ḦÁGASE Tu voluntad como en el cielo así también en la Tierra.

El hombre como manifestación o expresión de Dios tiene un destino ilimitado. Su obra consiste en expresar en forma concreta y definida las ideas abstractas que Dios le proporciona, y para hacer esto necesita estar dotado de poder creador. Si el hombre careciese de este poder creativo, sería solamente una máquina, un autómata manejado por Dios. Pero el hombre no es un autómata; es una conciencia individualizada. Dios se individualiza en un número infinito de puntos focales de consciencia, cada uno diferente del otro; en consecuencia, cada uno de esos puntos está dotado de una capacidad distinta de percepción, de una manera individual de apreciar el universo. Notemos cuidadosamente que la palabra "individuo" significa "indiviso". La conciencia de cada ser es distinta de la de Dios y de la de los otros, y no obstante no pueden ser separadas. ¿Cómo puede ser esto? ¿Cómo pueden dos cosas ser una sin ser idénticas? La respuesta es que ello no es posible en el plano material, que es limitado; pero sí en el reino del Espíritu, que es infinito. Con nuestra conciencia presente, limitada y tridimensional, no podemos ver esto; pero podemos comprenderlo intuitivamente a través de la oración.

Si Dios no se individualizara, no habría más que una experiencia; pero es lo cierto que existen tantos universos como individuos, quienes los conciben por el acto de pensarlos.

"Venga tu Reino" significa que es nuestro deber estar siempre ocupados en ayudar a establecer el Reino de Dios en la tierra, a manifestar en el plano terrestre cada vez más y más las ideas de Dios. Tal es nuestra misión aquí. El decir antiguo de que "Dios tiene un plan para cada hombre, y tiene uno para ti", es perfectamente correcto. Para cada uno de nosotros Dios tiene proyectos maravillosos; Él ha planeado una profesión espléndida, llena de interés, vida y alegría, para cada uno, y si nuestras vidas son insípidas, o limitadas, o mezquinas, no tiene Él la culpa, sino nosotros.

Si solamente descubrimos este plan que Él nos ha trazado individualmente, y lo llevamos a cabo, todas las puertas se abrirán ante nosotros; todos los obstáculos en nuestro camino se desvanecerán; disfrutaremos del éxito; no nos faltará el dinero que necesitemos, y seremos gloriosamente felices.

Hay un verdadero lugar en la vida para cada uno de nosotros, que nos dará la seguridad y la felicidad completas, si sabemos hallarlo. Si no encontramos ese lugar, no conoceremos nunca la felicidad ni la seguridad, no importan todos los demás bienes que poseamos. Nuestro verdadero lugar es el único donde podemos poner de manifiesto el Reino de Dios, y decir con verdad, "Venga tu Reino".

Nosotros hemos visto cuán a menudo el hombre ejecuta su libre albedrío de una manera negativa. Se permite a sí mismo pensar erróneamente, con egoísmo, y este pensar injusto le acarrea toda suerte de dificultades. En lugar de comprender que su función esencial es expresar a Dios, estar siempre ocupado en los asuntos de Dios, él trata de dedicarse a sus propios asuntos. Todos nuestros males se originan en esta insensatez. Abusamos de nuestro libre albedrío, tratando de obrar sin Dios; y las consecuencias naturales son todos los males, como la enfermedad, la pobreza, el pecado, las penas, y finalmente la muerte física. Ni por un instante debemos tratar de vivir para nosotros mismos, o hacer nuestros planes sin contar con Dios, o suponer que podemos ser felices o alcanzar éxito en cualquier otro camino que no sea el de la Voluntad de Dios. Sea cual fuere nuestro deseo, tanto si concierne a nuestro trabajo diario, a nuestros deberes en el hogar, a nuestras relaciones con el prójimo, o a nuestros proyectos personales, si buscamos nuestro bienestar personal en vez de servir a Dios, estamos guardando para nosotros toda clase de obstáculos, desilusiones e infelicidades, no obstante lo que las apariencias muestren en ese momento. Mientras que si nos disponemos a obrar conforme a lo que, mediante la oración, entendemos es Su Voluntad, entonces nos estamos asegurando el éxito, la libertad, el gozo, por mucho sacrificio y autodisciplina que ello pueda requerir temporalmente.

Lo que nos trae cuenta es poner en armonía lo antes posible toda nuestra naturaleza con la Voluntad de Dios, manteniendo una constante comunión espiritual con Él y observando una serena y continua vigilancia. "Nuestra voluntad es nuestra para hacerla Tuya."

"En Su Voluntd está nuestra paz", dijo Dante, y La Divina Comedia es en verdad un estudio de estados fundamentales de la conciencia: el Infierno es la condición del alma que trata de vivir sin Dios; el Paraíso, el alma que ha llegado a la unidad consciente con la Voluntad Divina; y el Purgatorio, el alma que lucha para pasar de un estado al otro. Fue este sublime conflicto del alma lo que arrancó del corazón del gran Agustín este grito: "Tú nos has hecho para Ti y nuestros corazones están inquietos hasta que no reposan en Ti."

El Pan Nuestro de cada día dánosle hoy...

PORQUE somos los hijos de un Padre que nos ama, podemos esperar de Él todo lo que necesitamos. De manera natural y espontánea los niños esperan recibir de sus padres todo lo que les falta, y de igual manera debemos nosotros contar con Dios. Si con fe y conocimiento lo hacemos así, jamás esperaremos en vano.

Es la voluntad de Dios que nuestras vidas sean sanas, felices, abundantes en experiencias de dicha; que progresemos libre y constantemente, día tras día y semana tras semana, a medida que vamos adelante en el camino que conduce a la perfección. Para ese fin hemos menester alimento, ropas, abrigo, medios de viajar, libros, etc; sobre todo necesitamos libertad, y la Oración incluye todas estas cosas en la palabra pan. El pan, es decir, no significa solamente el alimento, sino todo lo que el hombre necesita para disfrutar una vida sana, feliz, libre y armoniosa. Pero para obtener esos bienes tenemos que demandarlos, no necesariamente en detalle, pero tenemos que pedirlos, reconociendo a Dios, y sólo a Dios, como la fuente de todo nuestro bien. Toda privación será siempre explicable por el hecho de que hemos buscado nuestros bienes en alguna fuente secundaria, en vez de recurrir a Dios mismo, el Autor y Dispensador de la vida.

Generalmente pensamos que nuestros recursos financieros nos vienen de nuestras inversiones, o de ciertos negocios, o tal vez de nuestro patrón; cuando en verdad éstos no son más que los canales por los cuales nos viene lo que la Fuente Eterna provee. El número de canales es infinito; la Fuente es Una. El medio particular por el cual recibimos nuestros recursos de hoy, cambiará probablemente mañana, porque el cambio es ley cósmica en la manifestación de la vida. El estancamiento es la muerte, pero en tanto comprendamos que la Fuente de nuestras posesiones es el Espíritu inmutable, todo va bien. Si un canal se obstruye, otro se abrirá inmediatamente. Por otra parte, si creemos, como la mayoría, que ese medio particular es la fuente de nuestra prosperidad, tan pronto como se obstruya, lo cual ocurre a menudo, nos encontraremos en la pobreza porque creemos que la fuente se ha secado —y los efectos en el plano físico son siempre tal y como nos los imaginamos.

Tomemos el ejemplo de un hombre que considera su profesión como la única fuente de sus recursos, y supongamos que, por una u otra razón, pierde su puesto. Debido a que él cree que su posición es su única fuente de ingresos, el perderla significará, naturalmente, que sus ingresos cesan. De esta manera tiene que dedicarse a buscar nuevo trabajo, y acaso transcurra un largo tiempo durante el cual se vea prácticamente en la pobreza. Pues bien, si tal hombre, mediante la comunión espiritual diaria, hubiese comprendido a Dios como el único dispensador de sus bienes y a su puesto sólo como el camino particular por donde venían, entonces, al cerrarse el que antes tenía, otro —y probablemente uno mucho mejor— se habría abierto inmediatamente. Si su confianza hubiese estado en Dios como fuente de sus recursos

—en Dios, que es inmutable, infalible, eterno—, entonces nueva ayuda le habría llegado de *alguna parte*, a través de cualquier canal, de la manera más fácil posible.

En un caso precisamente igual un hombre de negocios puede encontrarse obligado, por razones que están fuera de su alcance, a cerrar su empresa; o aquél cuyos recursos consisten en bonos y acciones puede encontrar un día que sus valores han bajado a cero, debido a acontecimientos inesperados en la bolsa, o a alguna catástrofe en una fábrica o una mina. Si este hombre considera su negocio o sus inversiones como su fuente de recursos, creerá entonces que tal fuente se ha secado, y lógicamente sufrirá las consecuencias; mientras que si su confianza descansa en Dios, permanecerá en cierto modo indiferente al canal por el cual recibe, que será fácilmente suplantado por uno nuevo. En suma, debemos ejercitarnos en considerar a Dios como la Causa o Fuente de donde nos viene todo lo que necesitamos, que ya el canal —cosa enteramente secundaria— vendrá por sí mismo.

En su sentido más importante y profundo, nuestro pan de cada día significa la realización de la Presencia de Dios —la íntima convicción de que Dios no es solamente un nombre, sino la Gran Realidad—; la seguridad de que, porque Él es Dios, perfectamente bueno, omnipotente, sabio y misericordioso, no tenemos nada que temer; que podemos confiarnos a Él porque Él se encargará de nosotros, que Él quiere proveernos de todo lo que hemos menester, enseñarnos todo lo que necesitamos saber, y guiar nuestros pasos de tal manera que no cometamos errores. Éste es el sentido de Emmanuel, o Dios con nosotros; y sepamos que eso significa, sin lugar a duda, cierto grado de actual realización, es decir, cierta experiencia consciente, y no un mero reconocimiento teórico del hecho; no simplemente hablar de Dios, por muy bellamente que lo hagamos, o pensar acerca de Él, sino tener de Él una experiencia real en algún sentido. Cierto que debemos empezar por pensar en Dios, pero esto debe conducir a la realización de su Presencia, que es el *pan,* o maná. He aquí el punto esencial. La realización, o experiencia de Dios, es lo que importa. Ella es lo que marca el progreso del alma, lo que asegura la demostración; o la manifestación de Dios en nosotros. La realización, que nada tiene que ver con elegantes teorizaciones de palabras, es "la sustancia de las cosas que se esperan, la demostración de las cosas que no se ven". Tal es el Pan de Vida, el maná oculto; cuando uno lo tiene, posee todas las cosas en verdad y en hechos. Jesús se refiere varias veces a esta experiencia como pan, porque es el alimento del alma, tal como el alimento material es para la nutrición del cuerpo. Con esta sustancia el alma se desarrolla y se fortalece; privada de ella se marchita y atrofia.

El más corriente error, por supuesto, es pensar que basta un reconocimiento formal de Dios, o que hablar de las cosas divinas, por más poéticamente que se haga, es lo mismo que poseerlas; pero esto es exactamente lo mismo que suponer que mirar un plato de alimento o discutir acerca de la composición química de sus ingredientes, equivale a comérselo. Tal error es la explicación al hecho de que mucha gente ora durante largos años sin resultados; porque si la oración es una fuerza viva, es imposible orar sin que algún resultado se produzca.

La realización no se obtiene por mero deseo; ha de venir naturalmente como resultado de la oración metódica diaria. Buscarla por el poder de la voluntad es la vía más segura para no llegar a ella. Oremos con regularidad serenamente, recordando que todo esfuerzo o agonía mental se frustra a sí misma, y luego, tal vez cuando menos la esperemos, como ladrón en la noche, la realización vendrá. Mientras tanto, es bueno saber que toda clase de dificultades prácticas pueden ser vencidas por la oración sincera, aun sin que ocurra una realización consciente. Hemos sabido de algunas personas que han tenido sus mejores demostraciones con un grado mínimo de realización; pero en general no logramos el sentimiento de seguridad y bienestar, al cual tenemos derecho hasta que percibamos en nosotros mismos la Presencia Divina.

Otra razón por la cual la Presencia de Dios es simbolizada por un alimento, es que la acción de ingerir nuestro sustento material es esencialmente algo que debe ser hecho por nosotros mismos. Nadie puede asimilar alimento por otro. Podemos emplear criados para que hagan toda otra clase de menesteres; pero hay una cosa que tiene que ser realizada por uno mismo: comer el propio alimento. De la misma manera, nadie puede realizar por nosotros la Presencia de Dios. Podemos y debemos ayudar a otros a sobrellevar determinadas dificultades: "Sobrellevad los unos las cargas de los otros", pero nadie puede pensar ni sentir por nosotros, y el acto de ver en espíritu la "sustancia" y la "demostración" de la Presencia Divina no puede ser cumplido sino por el individuo mismo.

Hablando de este "pan de vida", Jesús lo llama el "pan cotidiano". La razón de ello es muy fundamental: nuestro contacto con Dios debe ser latente y vivo. Es nuestra actitud real hacia Dios lo que gobierna nuestro ser. "He aquí ahora el tiempo aceptable; he aquí ahora el día de la salvación." La cosa más fútil del mundo es tratar de vivir un concepto que pertenece al pasado. La cosa que tiene verdadero valor espiritual en nuestra vida es verificar la Presencia de Dios aquí y ahora. Nuestra más débil realización de hoy tiene infinitamente más poder de ayudarnos que la más viva de ayer. Seamos agradecidos por nuestras experiencias pasadas, sabiendo que ellas quedan con nosotros para siempre en el cambio que han operado en nuestro ser, pero no confiemos un ápice en ellas para nuestras necesidades de hoy. El Espíritu Divino Es, y el flujo y reflujo de la aprehensión humana no lo hace cambiar. El maná del desierto en el Antiguo Testamento, es el prototipo de esto. Las tribus que vagaban por el desierto recibieron la promesa de que les caería del cielo cada día una cantidad de maná suficiente para las necesidades de cada uno de ellos, con la advertencia de que no guardasen nada para el día siguiente. Bajo ningún concepto debían comer los alimentos del día anterior, y los que desobedecían eran castigados con la pestilencia o la muerte.

Así es con nosotros. En tanto tratemos de sustentarnos en nuestra realización de ayer, estamos tratando de vivir en el pasado; y vivir en el pasado es morir. El arte de la vida es vivir en el presente, y hacer cada momento actual tan perfecto como sea posible, cayendo en la cuenta de que somos instrumentos y la expresión misma de Dios. La mejor manera de prepararnos para mañana es hacer que el dia de hoy sea todo lo que debe ser.

ESTA cláusula es el centro de gravedad de la Oración; la llave estratégica de todo el Tratamiento Espiritual. Notemos que Jesús ha compuesto esta maravillosa Oración de tal manera que corresponde perfectamente a los estados sucesivos del desarrollo del alma, y del modo más conciso y eficaz. No omite nada que sea indispensable para nuestra salvación, y, sin embargo, tan concisa es que no sobra ni un pensamiento ni una palabra. Cada idea ocupa su lugar en un orden lógico y armonioso. Algo más sería redundancia; algo menos la dejaría incompleta. Este punto que tratamos ahora concierne al factor crítico de perdonar las ofensas.

Habiéndonos dicho lo que es Dios, lo que es el hombre, cómo funciona el universo, cómo hemos de hacer nuestra parte —la salvación de la humanidad y de nuestras propias almas— nos explica cuál es nuestro verdadero alimento o provisión, y la manera de obtenerlo; y ahora viene la cuestión del perdón de los pecados.

El perdón de los pecados es el problema central de la vida. El pecado es una sensación de estar separados de Dios, y es la tragedia mayor en toda la experiencia humana. Por supuesto que sus raíces están en el egoísmo; el pecado es un esfuerzo para

190

obtener un bien al cual no tenemos derecho en justicia. Es una sensación de una existencia exclusivamente personal, aislada, egoísta, mientras que la Verdad del Ser es que todo es Uno. Nuestro ser real es Uno con Dios, inseparable de Él, expresando Sus ideas, testificando de Su naturaleza —el Pensamiento dinámico del Espíritu. Y como todos somos Uno con el gran Todo del que somos espiritualmente una parte, de esto se deduce que somos uno con todos los hombres. Precisamente porque "en Él vivimos y nos movemos y somos", todos, en un sentido absoluto, somos esencialmente uno.

El mal, el pecado, la caída del hombre, representan la negación de esta idea en nuestros pensamientos. Tratamos de vivir sin Dios, de pasarnos sin Él, como si tuviésemos una vida independiente, un espíritu separado; como si nuestros proyectos, nuestros fines, nuestros intereses fuesen distintos de los Suyos. Si tal fuese la verdad, la vida del universo no sería coordinada y armoniosa, sino un caos de rivalidades y de luchas; siendo separados de nuestro prójimo, podríamos injuriarle, robarle, herirle, o hasta destruirle, sin ningún perjuicio para nosotros mismos, más aún, cuanto más quitáramos a los otros, tanto más tendríamos en nuestro provecho. Mientras más pensásemos en nuestros propios intereses y más indiferentes fuésemos al bienestar de los demás, tanto más poseeríamos. De ello se seguiría naturalmente que nuestros prójimos tratarían de pagarnos con la misma moneda, y, de ser ello la verdad, el universo entero se regiría por la ley de la jungla, y acabaría por destruirse a sí mismo en la anarquía crea-da por su propia flaqueza. Afortunadamente, ése no es el caso, y ahí reside la alegría de la vida.

No cabe duda que muchas personas se conducen como si creyesen que la verdad es así, y muchas otras, que aparentemente no lo creen, tienen, sin embargo, un sentimiento vago de que es así como están organizadas las cosas, no obstante que su conducta no corresponda a tal noción. Y es aquí precisamente donde se encuentra la verdadera base del pecado en todas sus manifestaciones, resentimiento, condena, celos, remordimientos, y toda la infinita gama del mal.

Esta creencia en una vida independiente y separada es el pecado primitivo, y antes de esperar algún progreso en nuestra vida espiritual, hemos de tomar el cuchillo y cortar esta cosa maligna de una vez para siempre. Sabiendo esto, Jesús insertó en el punto crítico de la oración una declaración cuidadosamente preparada, destinada a dar cumplimiento a Su fin y al nuestro. Su cláusula con respecto al perdón nos coloca en un trance definido, sin posibilidad alguna de escape, evasión, reserva mental o subterfugio de ninguna clase, a llevar a cabo el gran sacramento del perdón en toda su amplitud y poderoso alcance.

Cuando repetimos inteligentemente la Gran Oración con reflexión y sinceridad, nos encontramos de repente, por decirlo así, en un callejón sin salida, no quedándonos más remedio que hacer frente al problema. Tenemos positiva y definidamente que perdonar a todo aquél a quien de alguna manera debamos perdón, principalmente a aquellos que nos han ofendido. Jesús no deja lugar para ningún posible rodeo en este aspecto tan importante. Él compuso Su oración con más habilidad que la que ningún abogado desplegaría jamás en redactar un contrato. De tal manera la ha formulado que, una vez fija en ella la atención, nos es preciso, o perdonar a nuestros enemigos con toda sinceridad, o nunca jamás repetir tal oración. Si tratamos de recitarla sin perdonar de todo corazón, es probable que no podamos terminarla. Este gran precepto central se nos adherirá en la garganta.

Notemos cuidadosamente que Jesús no dice, "Perdóname mis deudas y yo trataré de perdonar a los otros". O "Veré si puedo hacerlo", o "Yo voy a perdonar en general, pero reservándome ciertas excepciones". Él nos obliga a declarar que hemos perdonado en verdad, y perdonado a todos, y es de este perdón que depende el nuestro. ¿Quién es aquél que posee gracia suficiente para decir sus oraciones, sin anhelar al mismo tiempo el perdón u olvido de sus propios errores y faltas? ¿Quién sería tan insensato como para buscar el Reino de Dios sin desear el verse redimido de su propio sentimiento de culpabilidad? Nadie, sin duda. Pues de la misma manera nos encontramos cogidos en la proposición ineludible de que no podemos demandar nuestra libertad, antes de que hayamos liberado a nuestro hermano.

El perdón de las ofensas es el vestíbulo del Cielo, y Jesús, sabiéndolo, nos ha conducido a la puerta. Hemos de perdonar a todo aquél que nos haya ofendido de alguna manera, y dejar fuera toda censura de la conducta de otros, si queremos entrar. Al mismo tiempo —cosa no menos importante— hemos de liberarnos de todo sentimiento de propia condenación o remordimiento. Hemos de perdonar a los otros, y, habiendo cesado de incurrir en nuestros pecados, nos es preciso aceptar que Dios también los perdona a ellos, o no podremos alcanzar ningún progreso espiritual. Uno tiene que perdonarse a sí mismo, pero no podrá hacerlo sinceramente hasta que no haya perdonado a otros primero. Habiendo perdonado a otros, uno debe estar listo para otorgarse su propio perdón, porque rehusar hacerlo entraña solamente orgullo espiritual. Y por este pecado cayeron los ángeles. Nunca se insistirá demasiado en este punto; es necesario perdonar. Probablemente existe muy poca gente en el mundo que alguna vez no haya sido ofendida, o maltratada, o despreciada, o injuriada, o incomprendida, o tratada injustamente de alguna manera por alguien. Estas heridas viejas se ocultan en la memoria formando abcesos supurantes, y no hay más que un remedio, extirparlas y arrojarlas fuera. Y para eso no hay más que un método: el perdón.

Desde luego, nada hay tan fácil en el mundo como perdonar a quienes no nos han hecho mucho daño; nada es tan fácil como olvidar las pérdidas insignificantes. Todo el mundo está dispuesto a hacer esto. Pero la Ley del Ser nos exige no solamente el perdón de esas bagatelas, sino también de aquellas cosas tan duras de perdonar que al principio nos parece de todo punto imposible hacerlo. El corazón dolorido exclama: "Eso es mucho pedir. Tal cosa me ha herido demasiado. Es imposible. No puedo perdonarlo." Pero el Padre Nuestro pone como condición a nuestro perdón, que es escape de limitación y de culpa, el perdón de los otros. No hay alternativa para esto; tiene que haber perdón no importa cuán hondamente hayamos sido ofendidos, o cuán terriblemente hayamos sufrido. Tenemos que perdonar.

Si nuestras oraciones no obtienen respuesta, indaguemos en nuestra conciencia y veamos si hay alguien a quien todavía no hayamos perdonado. Tratemos de descubrir si no hay algún viejo motivo que nos mantenga llenos de resentimiento. Busquemos,

194

no sea que aún alberguemos un sentimiento de hostilidad (tal vez escondido en la convicción íntima de que es nuestro derecho) contra algún individuo, grupo, nación, raza, clase social, determinado movimiento religioso que desaprobamos, un partido político, etc. Si es así, entonces hay una acción de perdón que tenemos que llevar a cabo, y cuando lo hagamos, probablemente podremos demostrar en nuestra vida la Presencia de Dios. Si no podemos perdonar en el presente, tendremos que aguardar hasta que podamos ver realizadas en nosotros las obras de Dios, y también tendremos que posponer la recitación del Padre Nuestro, so pena de colocarnos en la posición de no desear el perdón de Dios.

Liberar a otros significa liberarse uno mismo, porque el resentimiento es en realidad una forma de sujeción. Es una Verdad Cósmica que se necesitan dos para hacer un prisionero —el propio prisionero y su guardián—. No se puede ser prisionero de sí mismo; cada prisionero debe tener su carcelero, y éste pierde la libertad tanto como su cautivo. Mientras alimentamos resentimiento contra cierta persona, estamos atados a ella por un enlace cósmico, por una verdadera cadena de carácter espiritual. Estamos cósmicamente unidos a lo que odiamos. La única persona tal vez a quien aborrecemos en el mundo, es la misma a quien nos unimos por una cadena más fuerte que el acero. ¿Es eso lo que deseamos? ¿Es ésa la condición en la que queremos seguir viviendo? Recordemos que pertenecemos a la cosa a la cual estamos atados en pensamiento, y que, si ese enlace subsiste, tarde o temprano el objeto de nuestro rencor intervendrá de nuevo en nuestra vida, probablemente para causar nuevas calamidades. ¿Estamos dispuestos a arrostrar tal contingencia? Sin duda que no. En ese caso la única manera de liberarnos es cortar los lazos que nos hacen vulnerables por un acto puro de perdón. Desatemos el objeto de nuestro resentimiento, y dejémoslo ir. Mediante el perdón nos libramos a nosotros mismos, y salvamos nuestra alma. Y como la Ley del Amor es la misma para todos, ayudamos también a nuestro ofensor a liberar la suya.

Pero ¿cómo, en el nombre de todo lo que es sabio y bueno, se llevará a cabo el acto mágico del perdón, cuando hemos sido tan profundamente lastimados que, aunque lo hemos deseado con todo el corazón, nos ha sido completamente imposible perdonar, y habiéndolo intentado una y otra vez hemos encontrado la tarea más allá de nuestras fuerzas?

La técnica del perdón es suficientemente simple, y no difícil de poner en práctica tan pronto la entendamos. La única cosa esencial es la voluntad de perdonar. Una vez sentado que deseamos perdonar a nuestro ofensor, la mayor parte de la obra está hecha ya. El acto de perdonar se convierte para muchos en un fantasma porque mantienen la impresión errónea de que perdonar a una persona implica al mismo tiempo, que tal persona nos agrade. Felizmente no es éste en modo alguno el caso —no se trata de que nos guste alguien por quien no sentimos espontánea simpatía, y en verdad no es posible sentir agrado hacia otros por obligación—. Tratar de hacerlo equivale a querer sujetar el viento en la mano cerrada, y si uno persiste en forzarse a sí mismo a hacer tal, terminará por aborrecer a su ofensor en grado aún mayor que antes. Muchos buenos cristianos solían pensar que, cuando alguien los ofendía mucho, era su deber cultivar un sentimiento de amistad y cariño hacia quien los maltrataba; y como tal cosa es de todo punto imposible, resultaba que caían en tristes estados de abatimiento y confusión, que terminaban necesariamente en una deplorable sensación de fracaso y de pecado. No estamos obligados a sentir amistad por nadie, a no ser espontáneamente; pero si estamos bajo la ineludible obligación de amar a todos; amor o caridad, como lo llama la Biblia, que significa un sentimiento activo e impersonal de buena voluntad. Esta actitud no tiene directamente nada que ver con nuestras simpatías individuales, aunque va siempre seguida, tarde o temprano, por una maravillosa sensación de paz y felicidad.

Éste es el método para llevar a cabo el perdón: Apartémonos a donde podamos estar en quietud; repitamos una oración de nuestra preferencia, o leamos un capítulo de la Biblia. Entonces repitamos serenamente, "Yo perdono libre y totalmente a X; lo libero y lo dejo ir. Perdono sin reservas todo lo tocante a este asunto. En todo lo que a mí me concierne, está terminado para siempre. Dejo al Cristo que está en mí toda mi carga. Ahora X está libre y yo también. Le deseo bien en cada fase de su vida. Nuestro incidente ha terminado del todo. La Verdad de Cristo nos ha hecho libres a los dos. Doy gracias a Dios". Entonces levantémonos y vayamos a lo que nos interesa. Bajo ningún concepto repitamos esta operación de perdonar, porque se entiende que lo hemos hecho de una vez para siempre, y hacerlo una nueva vez significaría tácitamente que hemos repudiado lo hecho con anterioridad. Después, siempre que el recuerdo del ofensor o de la ofensa venga a nuestra mente, bendigámosle brevemente, y echemos fuera tal pensamiento. Hagamos esto cuantas veces tal pensamiento nos inquiete. Volverá cada vez con menos frecuencia, y terminaremos olvidándolo del todo. Luego, es posible que tras un intervalo más o menos largo el viejo incidente vuelva a la memoria una vez más, pero entonces comprobaremos que toda la amargura y resentimiento han desaparecido, y que ambos estamos libres, con esa libertad perfecta que conocen los hijos de Dios. El acto de perdón ha sido completo, y una maravillosa experiencia de gozo inundará nuestro ser como manifestación positiva de la Presencia de Dios en nuestra vida.

Todo el mundo debería practicar el perdón general todos los días. Cuando hagamos nuestras preces diarias decretemos una amnistía general, perdonando a cada uno que pueda habernos herido de alguna manera, pero sin particularizar en lo más mínimo. Simplemente digamos: "Con todo el corazón perdono a todos." Luego, si durante el día viene el sentimiento de rencor a nosotros, bendigamos brevemente al culpable, y fijemos la atención en otra cosa. Tal actitud disipará todo resentimiento y toda condenación; tendrá una influencia vivificante en nuestra salud y felicidad, y en verdad efectuará en nosotros un cambio revolucionario.

Y no nos pongas en la tentación, mas líbranos del mal...

ESTA cláusula ha causado probablemente más controversias que ninguna otra parte de esta oración. Para muchas personas sinceras ha sido un verdadero tropiezo. Creen ellos, y con razón, que Dios no podría conducir a nadie hacia tentación o mal de ninguna clase, por lo cual el sentido de tales palabras no suena sincero.

Por este motivo ha habido muchos intentos de modificar el contenido de esa frase, pensando que Jesús no ha podido decir lo que tales palabras suponen que dijo, y así se ha buscado cierta fraseología que viniera más en concordancia con el tono general de Su enseñanza. Heroicos esfuerzos se han hecho para variar el texto griego original; pero ha sido tiempo perdido. La cláusula tal como está, expresa a la perfección el contenido íntimo del mensaje. No olvidemos que el Padre Nuestro abarca todos los aspectos de la vida espiritual. Bajo su forma condensada constituye un manual completo para el desarrollo del alma, y Jesús conocía bastante bien los peligros sutiles y las dificultades sin número que el alma encuentra en cuanto comienza a avanzar en el camino de la perfección. Como los que se hallan todavía en una etapa preliminar de ese desarrollo no encuentran tales dificultades, concluyen que esta cláusula es innecesaria; pero se equivocan.

Cuanto más meditamos, cuanto más tiempo dedicamos a la oración, tanto más se aumenta nuestra sensibilidad. Y si consumimos un gran tiempo indagando acerca de las cuestiones que atañen a nuestra alma, nos tornaremos extraordinariamente sensitivos. Ello es excelente sin duda; pero como todo en este mundo, tiene sus peligros. Cuanto más lejos se llega en el camino de la vida espiritual, tanto más poder se gana en la oración; pero al mismo tiempo se hace uno más vulnerable a nuevas tentaciones que son desconocidas a los novicios. Se nota, además, que por faltas ordinarias, insignificantes a los ojos de la mayoría, uno es castigado severamente; pero esto es bueno, porque nos obliga a mantenernos en la línea recta, y en perenne vigilancia. Las transgresiones aparentemente menores, "los zorros pequeños que echan a perder nuestras viñas", malograrán todo nuestro poder espiritual si no las atendemos prontamente.

Nadie que haya alcanzado este nivel espiritual será tentado a meter la mano en la bolsa ajena, ni a robar una casa, pero ello no implica que no tenga tentaciones, y las que se presenten serán cada vez más sutiles, y por lo tanto más difíciles de vencer.

A medida que avanzamos en el terreno espiritual, nuevas y poderosas tentaciones nos esperan en el camino, siempre listas a derrotarnos si no estamos vigilantes —la tentación de luchar por la propia gloria en ensalzamiento en vez de por Dios; tentación de buscar honores y distinciones, y aun ventajas, materiales; tentación de permitir que las preferencias personales influyan en nuestros juicios cuando es un deber sagrado tratar a todos los hombres con perfecta imparcialidad—. Y más allá, y por encima de todos los pecados, está el pecado mortal del orgullo espiritual, "la suprema flaqueza de un corazón noble", que se embosca en este camino. Muchas almas elevadas que han pasado victoriosamente todas las otras pruebas, han caído en una condición de superioridad moral y propia justificación que ha venido a ser como una cortina de acero entre ellos y Dios. El mucho saber comporta mucha responsabilidad; y violar esa responsabilidad acarrea castigos terribles. *Noblesse oblige* es una verdad primordial en las cosas espirituales. El conocimiento que uno tiene de la verdad, por pequeño que sea, es un sagrado depósito que nunca debe ser profanado. Así como es cierto que no debemos "arrojar nuestras perlas a los cerdos", ni imponer por fuerza la verdad allí donde no quieren recibirla, no es menos cierto que debemos sabiamente diseminar el conocimiento de Dios entre la humanidad, a fin de que "ninguno de estos pequeñitos tenga hambre" a causa de nuestro egoísmo o indiferencia. "Apacienta mis corderos, apacienta mis ovejas".

Los viejos escritores místicos estaban tan conscientes de estos peligros que, con su don de alegoría, han representado al alma en el camino ascendente como un viajero detenido en cada vuelta y sometido a diversas pruebas antes de poder seguir. Si lograba pasar las pruebas satisfactoriamente, podía continuar adelante con la bendición de quien lo había desafiado. Pero si, desafortunadamente, fallaba, se le negaba el paso.

Ocurre que algunas almas con escasa experiencia, ansiosas por un rápido progreso, desean imprudentemente someterse a toda clase de pruebas, y aun se ponen a buscar dificultades que vencer, como si sus propios caracteres no les presentasen ya amplia ocasión para ejercitarse. Olvidan la sabia réplica de nuestro Señor en el desierto: "No tentarás al Señor tu Dios", como está escrito, y los resultados de obrar en contra son siempre desastrosos. Es por eso que Jesús ha insertado esta cláusula, en la cual pedimos que se nos libre de todo aquello que sea demasiado para nosotros de acuerdo con nuestro nivel espiritual. Pero si somos sensatos orando diariamente por sabiduría, inteligencia, pureza, y la guía del Espíritu Santo, jamás nos veremos en presencia de ninguna dificultad contra la cual no sean suficientes nuestros propios recursos para vencerla. "Ninguna plaga tocará tu morada." "He aquí que yo estoy con vosotros todos los días hasta el fin del mundo."

Tuyo es el Reino y el Poder y la Gloria, por todos los siglos.

HE aquí una estupenda cláusula sentenciosa en la que se resume la verdad esencial de la Omnipresencia y la Totalidad de Dios. Significa en verdad que Dios es el Todo en Todo; el hacedor, la acción y el hecho, y podríamos decir también que el espectador. El reino en este caso significa toda la creación, en todos los planos, porque eso es la Presencia de Dios —Dios como manifestación o expresión.

El poder es evidentemente el poder de Dios. Sabemos que Dios es el único poder; por eso cuando obramos u oramos, es realmente Dios quien se expresa por medio de nosotros. Así como el pianista expresa su música usando los dedos de su mano, aquéllos que obedecen a Dios vienen a ser como Sus dedos con los que Él obra. Suyo es el poder. Si cuando oramos mantenemos la idea de que es realmente Dios quien actúa por medio de nosotros, nuestras oraciones ganarán inmensamente en eficiencia. Digamos, "Es Dios quien me inspira". Antes de emprender una obra cualquiera pensemos sinceramente, "La Divina Inteligencia está actuando ahora a través de mí", y nos sorprenderemos de ver con qué extraordinario éxito llevamos a cabo las tareas más difíciles.

El cambio maravilloso que se opera en nosotros a medida que realizamos lo que la Presencia de Dios

realmente significa, trasforma cada fase de nuestra
vida, volviendo la tristeza en gozo, la vejez en juventud, las sombras en luz. Tal es la gloria —y la gloria
que nosotros recibimos es, por supuesto, la de Dios
también— y la felicidad que esa experiencia nos trae
es, de nuevo, Dios mismo, quien está consciente de
esa felicidad a través de nosotros.

En años recientes, el Padre Nuestro se ha reescrito a menudo en la forma afirmativa. Así, por ejemplo, la cláusula "Venga Tu reino, hágase tu voluntad", viene a ser "Tu reino ha venido, tu voluntad se está cumpliendo". Todas estas paráfrasis son interesantes y sugestivas, pero su importancia no es vital. La forma afirmativa sería la más conveniente con el propósito de curar, pero no es más que eso, una forma de oración. Jesús usaba la forma invocatoria muy a menudo, aunque no siempre, y su uso frecuente es indispensable para el desarrollo del alma. No se debe confundir con la forma suplicatoria, en la cual se demanda gimiendo como un esclavo que suplica a su dueño. Esa actitud es siempre falsa. La forma más elevada de oración es la contemplación, en la cual el pensamiento y el pensador se vuelven uno. Ésta es la Unidad de los místicos, la cual es rara vez experimentada en los primeros estados del desarrollo espiritual. Rece Ud. de la manera que encuentre más fácil, porque la manera más fácil es el mejor camino.

Venid a mí todos los que estáis fatigados y cargados,
que yo os aliviaré.

El Señor es mi luz y mi salvación; ¿a quién temer? El Señor
es el baluarte de mi vida; ¿ante quién temblar?

Aunque acampe contra mí un ejército, no temerá mi corazón.
Aunque se alzare en guerra contra mí, aun entonces estaré
tranquilo.

Porque si atraviesas las aguas, yo seré contigo, si por los
ríos, no te anegarás. Si pasas por el fuego, no te quemarás;
las llamas no te consumirán.

Y mientras buscó al Señor, Dios le protegió.

Índice

Prefacio 7

Capítulo 1
¿Qué enseñó Jesús? 9

Capítulo 2
Las Bienaventuranzas 27

Capítulo 3
Como un hombre piensa 61

Capítulo 4
No resistáis al Mal 81

Capítulo 5
Tesoro en los Cielos 103

Capítulo 6
Con la medida con que midiereis 129

Capítulo 7
Por sus frutos 141

El Padre Nuestro *(Una interpretación)* 167

Padre Nuestro... 172

Que estás en los Cielos... 176

Santificado sea tu Nombre... 178

Venga tu Reino... 180

El pan nuestro de cada día dánoslo hoy... ...184

*Y perdónanos nuestras deudas así como nosotros
perdonamos a nuestros deudores...* 190

*Y no nos pongas en la tentación mas líbranos
del mal...* 199

*Tuyo es el Reino y el Poder y la Gloria
por todos los siglos* 203